东北财经大学辽宁(大连)自贸区研究院
Institute of Liaoning(Dalian) Free Trade Zone, DUFE

U0674884

中国（辽宁）自由贸易试验区
大连片区创新案例研究

Research on the Innovation Cases in Dalian Area of
China(Liaoning) Pilot Free Trade Zone

（第三辑）

东北财经大学辽宁（大连）自贸区研究院
中国（辽宁）自由贸易试验区大连片区建设工作领导小组办公室 著

东北财经大学出版社
Dongbei University of Finance & Economics Press
大连

图书在版编目（CIP）数据

中国（辽宁）自由贸易试验区大连片区创新案例研究（第三辑）/ 东北财经大学辽宁（大连）自贸区研究院，中国（辽宁）自由贸易试验区大连片区建设工作领导小组办公室著. 一大连：东北财经大学出版社，2019.10

ISBN 978-7-5654-3702-1

Ⅰ．中… Ⅱ．①东… ②中… Ⅲ．自由贸易区–经济建设–案例–辽宁 Ⅳ．F752.831

中国版本图书馆CIP数据核字（2019）第224446号

东北财经大学出版社出版

（大连市黑石礁尖山街217号 邮政编码 116025）

网 址：http://www.dufep.cn

读者信箱：dufep@dufe.edu.cn

大连永盛印业有限公司印刷 东北财经大学出版社发行

幅面尺寸：170mm×240mm 字数：148千字 印张：11 插页：1

2019年10月第1版 2019年10月第1次印刷

责任编辑：李 彬 韩敌非 责任校对：王 娟

封面设计：张智波 版式设计：钟福建

定价：46.00元

编委会

前　言

2019年6月28日，国家主席习近平在二十国集团领导人峰会上就世界经济形势和贸易问题发表了题为《携手共进，合力打造高质量世界经济》的重要讲话，明确了中国自贸区的新布局，"新设6个自由贸易试验区，增设上海自由贸易试验区新片区，加快探索建设海南自由贸易港进程"，向世界宣示了中国顺应经济全球化新趋势的客观要求，加快形成对外开放新局面、努力实现高质量发展的坚定决心。

从2013年上海自贸区挂牌成立，到2015年广东、天津、福建自贸区相继成立，从2017年辽宁、浙江、河南、湖北、重庆、四川、陕西自贸区陆续揭牌，到2018年宣布海南岛全岛建设自由贸易试验区，再到新设6个自贸区，我国自贸区形成了"1+3+7+1+6"的布局，陆海内外联动、东西双向开放的全面开放新格局将更加完善。

自贸试验区扩容不仅是开放格局的完善，而且是改革试点的经验总结。经过六年的探索，自贸试验区建设已经梳理形成了诸多批改革试点经验。作为目前东北地区唯一设立的自由贸易试验区，挂牌建设两年多以来，中国（辽宁）自由贸易试验区大连片区在国家赋予的东北振兴和自身改革发展的双重任务中持续发挥作用。《中国（辽宁）自由贸易试验区总体方案》指出，自贸试验区要"加快市场取向体制机制改革、积极推动结构调整，努力将自贸试验区建设成为提升东北老工业基地发展整体竞争力和对外开放水平的新引擎"。这既是对辽宁自由贸易试验区的战略定位，也是对辽宁自由贸易试验区排头兵大连片区体制机制、产业结构、经济结构问题的准确把脉，以及倒逼体制机制改革和推动结构调整的要旨所在。

两年多以来，大连片区按照大胆试、大胆闯、自主改的要求，坚持以制度创新为核心，以可复制可推广为基本要求，对标国际先进经贸规则，积极探索建立符合国际化、法治化、便利化要求的制度体系，形成了一批可复制可推广的制度创新成果。

辽宁（大连）自贸区研究院持续跟踪、研究大连片区的实践和探索，接受大连片区建设工作领导小组办公室授权和委托，承担大连片区创新案例和年度建设第三方评估工作。2018年5月3日，国务院印发《关于做好自由贸易试验区第四批改革试点经验复制推广工作的通知》（国发〔2018〕12号），经我院第三方评估的大连片区"保税混矿监管创新"在全国海关特殊监管区域复制推广，并入选2018年全国自贸试验区十大新闻和十大创新案例。2019年4月30日，国务院印发《关于做好自由贸易试验区第五批改革试点经验复制推广工作的通知》（国函〔2019〕38号），大连片区"进境粮食检疫全流程监管"由海关总署向全国复制推广。此外，31项创新实践案例向全省复制推广。

我院根据对大连片区创新案例的评估和研究，已出版《中国（辽宁）自由贸易试验区大连片区创新案例研究》第一辑和第二辑，并受到学术界同仁和在改革前沿探索的实践者的一致好评。为继续发挥我院在创新案例评估领域的优势，为自贸试验区建设梳理更多的改革创新经验和路径，我院现出版《中国（辽宁）自由贸易试验区大连片区创新案例研究》第三辑。

本书由靳继东负责总体设计和安排，于晓媛负责与调研单位协调和沟通。案例撰写分工情况如下：王晓玲负责案例一、八、九、二十四；李少林负责案例二、五、十五、十六、二十二；刘薇娜负责案例三、十三、十四、二十一；褚敏负责案例四、十、二十三；马文甲负责案例六、七、十九、二十；艾德洲负责案例十一、十二；李宇负责案例十七、十八。感谢研究团队的通力合作。

本书的完成离不开相关单位的大力支持，感谢大连片区建设工作领导小组办公室，感谢大连海关、大连市建设局、大连市环保局、大连营商环境建设局、自贸服务大厅、大连市自然资源局、大连双D高科产业发展有限公司、大连开发区法院、大连市司法局、金普新区管委会、金普新区市场监管局、大连冰山集团等单位在案例调研中给予的积极配合与切实帮助，感谢东北财经大学出版社的创造性策划和编辑勤勉精湛的工作。

由于作者水平有限，书中难免存在疏漏之处，恳请各位读者不吝赐教。

东北财经大学

辽宁（大连）自贸区研究院院长

靳继东

2019 年 7 月 1 日

目　录

1 创新案例一：市场监管行政许可标准化

1.1 案例概况

案例背景

随着"放管服"改革的深入推进，大量的国家、省、市行政许可权限下放，大连金普新区市场监督管理局的行政许可工作面临较大压力。金普新区3个审批大厅的30多个办事窗口、街道的20多个市场监督管理所有100多名工作人员同时提供行政许可服务，服务类别包括公司、个体户设立与变更；食品生产许可；食品、药品、小餐饮经营许可；特种设备的登记；计量标准考核等19项行政许可业务。由于办事窗口专业人员短缺、人员变换频繁等原因，导致工作人员业务水平参差不齐，对行政许可事项的具体要求理解不一致，执行标准不统一，审批流程不严谨、不规范，影响政府公共服务效率和质量。为此，金普新区市场监督管理局以行政许可标准化来破解此类问题。

"以标准化促进行政许可规范化、以标准化提高服务效能，提升服务质量"是国家行政审批制度改革的重要内容，是深化"放管服"改革、提高国家治理水平的必要手段，是公平执法、提升市场主体满意度的有效途径。

主要做法

◇ 项目筹划。2017年年底，金普新区开始启动行政许可标准化工作，对可以进行标准化的行政许可事项进行梳理，整理归类，特别关注以往行政许可工作中存在的热点、难点问题，利用标准化机制加以解决。

◈ 标准制定。金普新区市场监管行政许可标准化主要包括三方面内容：建立行政许可服务标准体系，补充完善部分行政许可服务标准，全面系统的制定行政许可事项的服务指南和业务手册。金普新区市场监管局自主制定行政许可标准54项，其中行政许可服务标准10项，服务指南22项，业务手册22项，标准总字数约130多万字。另外，还创新性地制定了《行政许可事项例外审批管理规范》，规定对申请人提出的不符合现有许可要求的行政许可事项，如果能够通过事后监管或者有利害关系的第三方提供担保等措施加以纠正或弥补，可采用例外审批工作流程做出行政许可决定。

◈ 发布实施。行政许可标准化项目历时9个月，经过征集意见、审查提升等工作环节后，于2018年9月5日对外公布《关于发布行政许可系列标准的通告》，向社会告知自2018年9月10日起正式发布实施。所制定的全部标准见诸大连金普新区政府网站，供行政许可的利益相关方查阅使用。

市场监管行政许可标准化主要做法如图1-1所示。

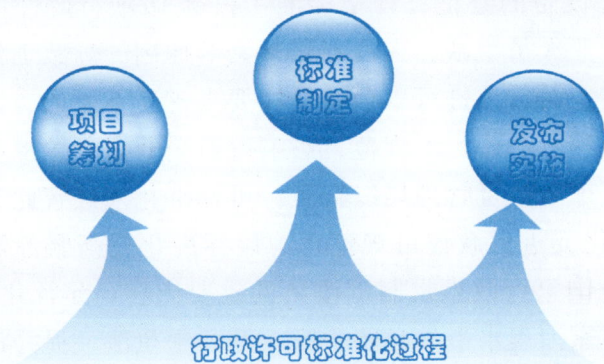

图1-1 市场监管行政许可标准化的主要做法

创新亮点

◈ 规范行政审批行为。行政许可标准化使市场监管行为有具体的规范可以遵循。服务指南和业务手册详细规定了办理依据、办理流程及操作方法，逐项明确行政许可事项名称、设定依据、实施机关、申请材料、办结时限、结果送达等要素，不论是行政服务还是行政执法，都按照统一标准进行，使市场主体享受到无差别的行政服务。

◈ 开创行政许可新模式。在行政执法标准化过程中，针对以前的难点问题，开创出三项"一窗受理、并行办理"业务：公司设立+食品经营许可，个体工商户设立+小餐饮经营许可，个体工商户设立+食品经营许可。将以前分别在营业执照申领窗口和经营许可申领窗口办理的事项，合并在一个窗口办理，优化办事流程，核减重复提交材料，两项许可由原来承诺的9个工作日缩短为3个工作日。

◈ 增强行政许可审批透明度。大连金普新区市场监管局将行政许可事项的所有标准都在网上公开，实现阳光执法。为了进一步优化营商环境，对于能够一次办结的行政许可项目，要求必须一次办结，并通过六项制度、三项服务（如图1-2所示）将其规程化，同时清理不必要的前置条件，取消重复性证明，简化手续，为市场主体提供优质公共服务。

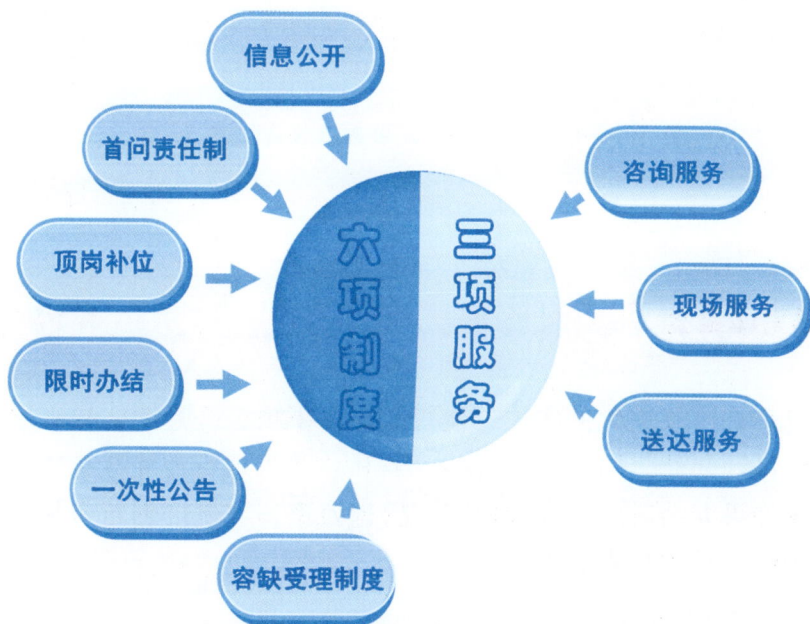

图1-2 一次办结行政许可的创新亮点

1.2   评估方法

◇ 比较分析法。将市场监管行政许可标准化创新前后管理方式进行比较，通过两种管理方式、做法优缺点比较，评价行政许可标准化的创新性。

◇ 专家打分法。对创新案例各分项进行专家打分，通过加权平均法计算总分，分项和总分均以5分为满分。

市场监管行政许可标准化评估方法如图1-3所示。

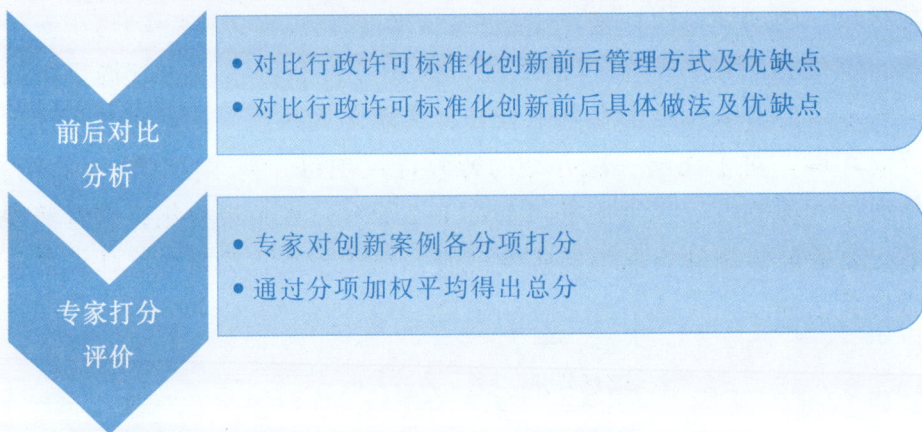

前后对比分析
- 对比行政许可标准化创新前后管理方式及优缺点
- 对比行政许可标准化创新前后具体做法及优缺点

专家打分评价
- 专家对创新案例各分项打分
- 通过分项加权平均得出总分

图1-3   市场监管行政许可标准化评估方法

1.3   创新性评估

前后对比维度

行政许可标准化的实施，使行政许可事项公开透明，提高了市场主体的可预知性。同时，使公共服务和公共管理行为规范有效，缩短了行政许可办结时限，大幅提高了管理效率，与制度创新前相比具有明显优势，具体见表1-1。

表1-1   市场监督管理行政许可标准化创新前后对比

	制度创新前	制度创新后
模式	◇多个窗口办理模式 ◇缺点：环节较多，提交材料较多，耗时较长，制度性交易成本较高	◇热点业务一个窗口办理模式 ◇优点：流程合理，手续简化，执法规范，大幅缩短行政许可事项办结时间
主要做法	◇行政许可"串联式"审批 ◇缺点：反复跑腿，行政效率较低，执法标准不规范不统一，市场主体满意度较低	◇行政许可"并联式"审批 ◇优点：服务指南和业务手册提供了标准化、专业化的操作方法，公开透明，执法公平，市场主体满意度较高

专家评价维度

市场监管行政许可服务标准化是行政审批制度改革的新突破，提高了公共服务水平和效率，优化了金普新区的营商环境。专家对该案例制度突破性分项打分 4.82 分，缩短审批时间分项打分 4.91 分，提高审批效率分项打分 4.92 分，提升满意度分项打分 4.89 分，优化营商环境分项打分 4.87 分，创新综合评价打分 4.88 分，如图 1-4 所示，行政许可服务标准化制度创新突出。

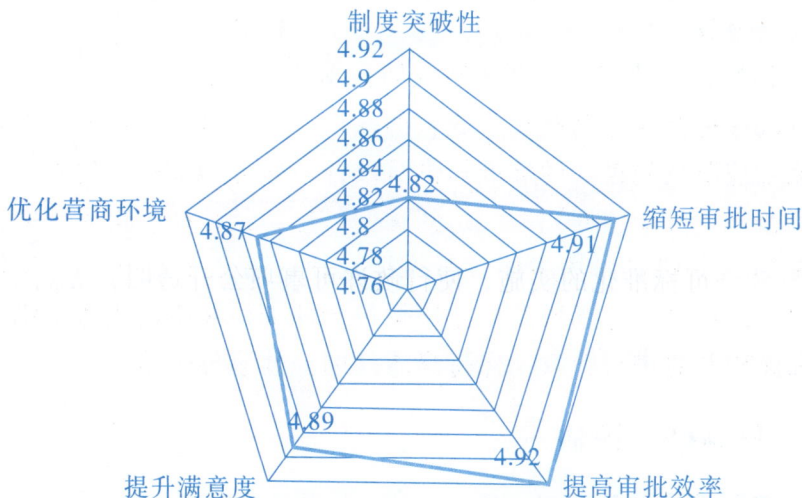

图 1-4   市场监管行政许可标准化专家打分评估

1.4　创新成效评估

◇ 推进行政审批制度创新。行政许可标准化是行政审批制度创新的有益探索，是"放管服"改革在行政审批领域取得的实质性效果，为将行政审批制度改革向深入推进奠定了基础。

◇ 提高政府行政服务效能。行政许可标准化使窗口工作人员的业务能力显著提高，流程和操作方法的简化又提高了办事效率，一次办结的许可项目不断增加，公共服务效率和水平明显提高。

◇ 优化金普新区营商环境。行政许可标准化规范了执法行为，缩小了执法人员的自由裁量权，行政许可事项公开透明，提高了市场主体的满意度和获得感，使金普新区的营商环境得到提升。

1.5　风险评估及防控措施

◇ 许可标准把握不准确风险及防控措施

行政许可标准化的目的是提供"无差别的公共服务"，如果窗口工作人员对标准把握不准确，就可能影响行政许可标准化的质量，存在一定的市场监管风险。防控措施为：加强对窗口工作人员的定期培训和业务考核，使他们业务知识扎实、业务水平过硬，能够提供高质量的公共服务。

◇ 制度创新达不到预期风险及防控措施

行政许可标准化制度创新成效的取得，以所有涉及审批的工作人员都能够按照预先设定的标准提供行政许可服务为前提。但是，是否所有工作人员都能整齐划一、达到预期目标，是存在一定风险的。防控措施为：定期对市场主体进行调研访谈，深入分析获取的反馈信息，对不同审批工作场所的服务质量进行评价，对市场主体不满意的环节和流程及时进行整改，保持高质量的公共服务供给。

1.6　复制推广评估

◇ 复制推广价值

市场监管行政许可标准化，对执法机关而言提高了办理的专业水准，对市场主体而言感受到公平执法、高效服务，降低了制度性交易成本，行政许可标准化制度创新具有较大的复制推广价值。

◇ **复制推广所需条件**

行政许可标准化的复制推广，符合行政审批改革的大方向，是深化"放管服"改革和优化营商环境的必然选择。复制推广所需条件为：结合本地的具体行政审批现状，参照大连金普新区自主制定的标准，建立本地区的行政许可服务标准体系，由专业人员对工作人员进行培训，由媒体、互联网发布行政许可标准、服务指南和业务手册。

2 创新案例二：建设工程项目审批制度创新

2.1 案例概况

案例背景

　　针对营商环境中存在的开办企业和工程建设项目审批效率低、环节多、时间长等问题，国务院总理李克强于2018年5月2日主持召开国务院常务会议，提出将工程建设项目审批时间压减一半以上，进一步优化营商环境，同时确定在北京、天津、上海、重庆、沈阳、大连、南京、厦门、武汉、广州、深圳、成都、贵阳、渭南、延安和浙江省等16个地区开展试点，如图2-1所示，改革精简房屋建筑、城市基础设施等工程建设项目审批全过程和所有类型审批事项，推动流程优化和标准化，将建设项目的管理重心从事前审批向事中事后监管转移，进一步规范建设项目的事前审批和事中事后监管工作。按照"实事求是、服务企业、依法依规、便捷高效"的总要求，厘清审批与监管的界线，精简审批事项，强化监管环节，努力构建科学、便捷、高效的工程建设项目审批和管理体系。

图2-1 国家工程建设项目审批制度改革试点地区

作为国家工程建设项目审批制度改革试点城市，大连市新出台的《大连市工程建设项目审批制度改革试点实施方案》明确提出，在完成国务院提出的"试点地区实现工程建设项目审批时间压缩一半以上，由目前平均200多个工作日减至120个工作日"改革目标的基础上，围绕工程建设项目行政审批和公共服务事项，对工程建设项目审批制度进行全流程、全覆盖改革。2018年年底前，除特殊工程和交通、水利、能源等领域的重大项目外，社会投资建设项目从立项用地规划许可阶段到竣工验收阶段的审批时限压缩至75个工作日以内，财政投融资建设项目从立项用地规划许可阶段到竣工验收阶段的审批时限压缩至90个工作日以内，属于国家、省级审批权限的事项除外。2019年6月底前，总结试点经验，进一步促进行政审批提质增效，实现审批流程再优化、审批手续再精简、审批时限再压缩。大连保税区进一步优化投资建设项目审批实施方案（适用于社会投资的中小型厂房类工程建设项目、大型厂房类工程建设项目和房屋类非拆分出售建设项目）。大连市工程建设项目审批制度改革目标如图2-2所示。

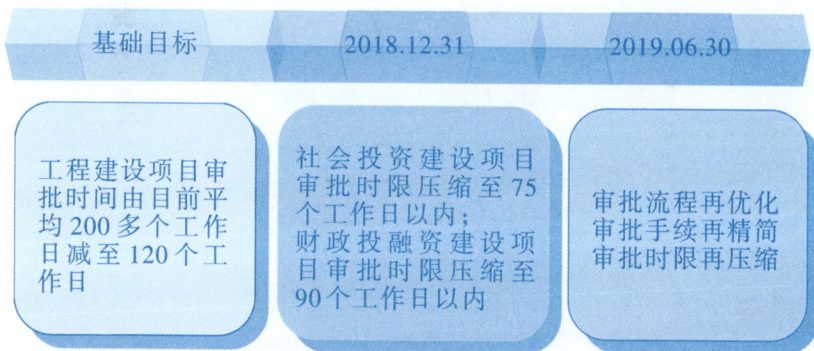

基础目标	2018.12.31	2019.06.30
工程建设项目审批时间由目前平均200多个工作日减至120个工作日	社会投资建设项目审批时限压缩至75个工作日以内；财政投融资建设项目审批时限压缩至90个工作日以内	审批流程再优化审批手续再精简审批时限再压缩

图2-2　大连市工程建设项目审批制度改革目标

2.2　实施方案

基本思路

其他试点城市的改革方案有两个特点，一是对现行法律法规有较大突破；二是省级层面牵头，自上而下。大连市的改革方案结合本地实际，创新思路，开创了"大连特色"，有效地大幅度提升城市营商环境。按照国务院试点文件要求，本市要做以下四方面的工作，如图2-3所示，一是大力简化事前审批，加强事中事后监管；二是将21个事项中"其他行政权力"进行削减和合并，原则上只保留"行政许可"和"行政确认"两类权力类型；三是努力推行"区域评估"和"联合审查"；四是中介服务事项除了"规划设计""施工图设计""人防工程设计"外，都由管委会通过政府购买服务方式完成。涉及的项目有土地勘测费用和环评、能评等区域评估费用，以及施工图审查、消防设计审查等联合审查费用。

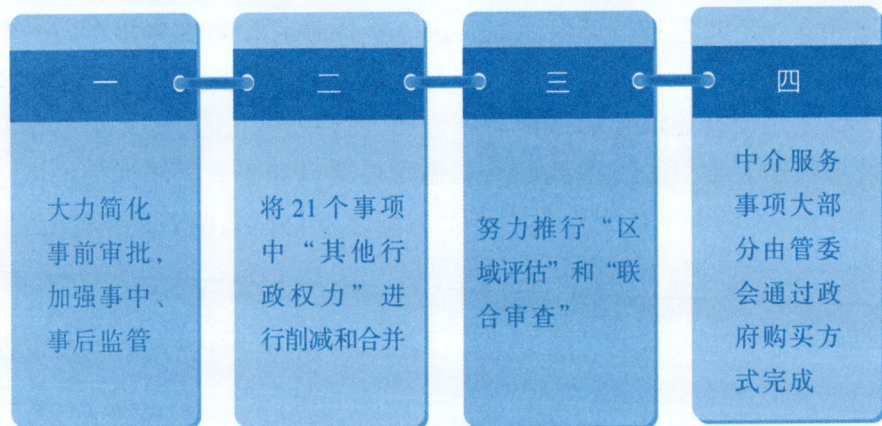

图2-3　大连试点改革方向

一	二	三	四
大力简化事前审批，加强事中、事后监管	将21个事项中"其他行政权力"进行削减和合并	努力推行"区域评估"和"联合审查"	中介服务事项大部分由管委会通过政府购买方式完成

方案内容

大连市建设工程项目审批方案的主要内容分为五个方面，包括削减合并审批事项；工程建设项目审批流程；实行区域评估和联合审查；深化告知承诺制；统一审批平台。

◇ **削减合并审批事项**

内容相近的多个审批事项整合为一个审批事项，实施"设计方案联合审定""施工图设计联合审查""限时联合竣工验收""多测合一"联合勘验新模式等措施；属于同一办理阶段的多个审批事项，整合为一个审批事项。

◇ 工程建设项目审批流程

审批流程分为优化审批、分类细化流程、大力完善并联审批三个阶段。在优化审批阶段，各类审批事项在强化前期项目策划生成机制基础上，向立项用地规划许可、工程建设许可、施工许可、竣工验收四个阶段收敛，每个阶段由牵头单位负责制定相关审批部门审批事项清单，具体见表2-1。在分类细化流程阶段，根据工程建设项目类型、投资类别、规模大小等，分五类细化审批流程、确定审批阶段和审批事项，如图2-4所示。其中，社会投资中小型民用类项目不包括建筑面积小于5 000平方米、高度低于24米，功能单一、技术相对简单，或有风貌保护等特殊要求的项目。2~5类项目审批流程为立项用地规划许可、工程建设许可、施工许可、竣工验收四个审批阶段；1类项目审批流程为立项用地规划许可、合并工程建设许可与施工许可、竣工验收三个审批阶段。大力完善并联审批阶段，"一家牵头、并联审批、限时办结、互联互审"，实现审批事项内部流转、信息共享。涉及征询事项，各相关部门原则上只能选择一个环节审查，能并不串，减少互为前置。将市政公用服务纳入相应阶段，压缩时限，精简要件。

表2-1　　　　　　　　　工程建设项目优化审批阶段

项目	参与部门	审批事项
立项用地规划许可阶段	规划管理部门牵头 参与部门包括规划管理、国土房屋管理部门及发展改革、经信等项目立项部门	规划选址意见书、建设项目用地预审、政府投资项目可行性研究报告（或实施方案）审批、用地规划许可证等
工程建设许可阶段	规划管理部门牵头 参与部门包括规划管理、文广和国家安全等部门	建设工程规划许可证核发
施工许可阶段	建设管理部门牵头 参与部门包括建设管理、规划管理部门及审图机构	消防、人防等设计审核确认、能评审查和施工许可证核发等四项
竣工验收阶段	建设管理部门牵头 参与部门：人防、公安消防、气象、国土房屋管理、规划管理、市政、通信管理、城建档案等	规划、国土、消防、人防等验收及竣工验收备案等
其他行政许可、涉及安全的强制性评估、中介服务、市政公用服务以及备案等	各相关单位和审改办纳入相关阶段办理或与相关阶段并行推进	

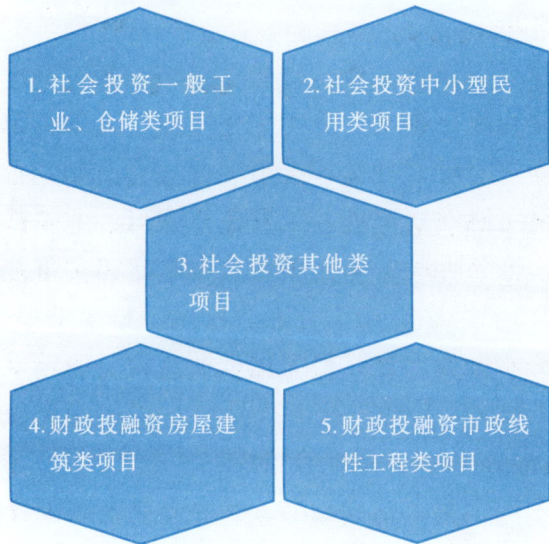

图2-4　分类细化流程

◇ **实行区域评估和联合审查**

在审批阶段前，探索实行区域评估改革，由政府统一组织，采用政府购买服务方式，对地震安全性、地质灾害危险性评估，环境影响、节能评价、压覆重要矿产资源评估、水资源论证、文物影响、建设项目安全等事项的评价实行区域评估，属地政府应进一步明确开展上述评估、评价试点工作的区域范围，相关单位在业务上统筹协调配合，形成整体性、区域化评估评审结果。区域内工程建设项目共享区域评估评审结果，实施审批时可简化环节和申请材料或者不再进行单独评估评审；已经实施区域评估的工程建设项目，相应的项目评估可通过告知承诺制简化。

此外，将"消防设计审核""人防设计审查"等技术审查并入"施工图设计文件审查"，相关部门不再进行技术审查。建设局作为牵头单位，协调组织规划局、公安（消防）等部门进行施工图联合审查。项目单位完成施工图设计后即可提出申请，采取政府购买服务方式，由建设局委托具有相应资质的审图机构会同公安消防部门，对施工图设计文件进行技术初审，并组织相关审批部门于7个工作日内提出联合审查意见。项目单位在根据修改意见调整施工图设计文件的同时，可签订《承诺协议书》，承诺其施工图设计文件能够符合相应建设标准或调整要求，据此办理《建设工程施工许可证》。

◇ **深化告知承诺制**

对通过事中事后监管能够纠正不符合审批条件的行为且不会产生严重后果的审批事项，实行告知承诺制。各相关单位制定实行告知承诺制的审批事项清单和事中事后监管措施，并予以公布重点对"房屋建筑工程安全监督手续办理"和"房屋建筑工程质量监督手续办理"实行告知承诺制，由建设单位做出承诺，在施工许可证发放后、施工开始前完成。

◇ **统一审批平台**

以机构改革为契机，加快建设"多规合一"业务协同平台，建立统一的空间规划体系框架，构建以战略性蓝图、管控性蓝图、实施性蓝图为底层架构的蓝图体系。落实"单一窗口、统一平台、横向到边、纵向到底"的要求，改进协同办公系统中并联审批功能，完成协同办公平台与省、市政务审批平台对接，适应审批事项调整、审批要件规范的新情况。各审批阶段均实行"一份办事指南，一张申请表单，一套申报材料，完成多项审批"的运作模式，牵头部门制定统一的办事指南和申报表格，每一个审批阶段申请人只需提交一套申报材料。不同审批阶段的审批部门应当共享申报材料，不得要求申请人重复提交。利用平台系统，建立审批督查监管体系，落实"一年一体检、五年一评估"工作机制，加强城市建设监督管理和考核评估。

2.3 创新性评估

大连保税区进一步优化投资建设项目审批实施方案，与改革前形成鲜明的对比，见表2-2。建设工程项目审批方案建立代办考核评价机制，引进企业主体评判和相关部门评价，提高工作效率和服务质量。实行区域评估，在审批阶段前，对地震安全性评价、地质灾害危险性评估、环境影响评价等事项实行区域评估。

表2-2　　　　　　　　建设工程项目改革创新前后对比

项目	改革创新前	改革创新后
审批事项	审批事项21项，审批时间22天	审批事项8项，审批时间18天；保留8项，撤消5项，合并4项，转为事中事后监管的2项，转为内部管理的2项
管理方式	统一管理	分类管理，简化社会投资的中小型工程建设项目审批，对社会投资的房屋建筑工程，建设单位可自主决定发包方式
审批流程	复杂，冗余	推行联合勘验、测绘、审图等，规划、国土、市政公用等单位限时联合验收
监管方式	落后	为政府内部协作事项，强化服务及事中、事后监管。建立"代办制度"，为企业提供无偿代办服务，并纳入工程建设项目管理系统进行全过程监管
运作模式	办事难，程序复杂，重复提交材料	一份办事指南，一张申请表单，一套申报材料，完成多项审批

2.4　创新成效评估

对于"大连市建设工程项目审批改革方案"的成效，从整体来看有"五更"，如图2-5所示。

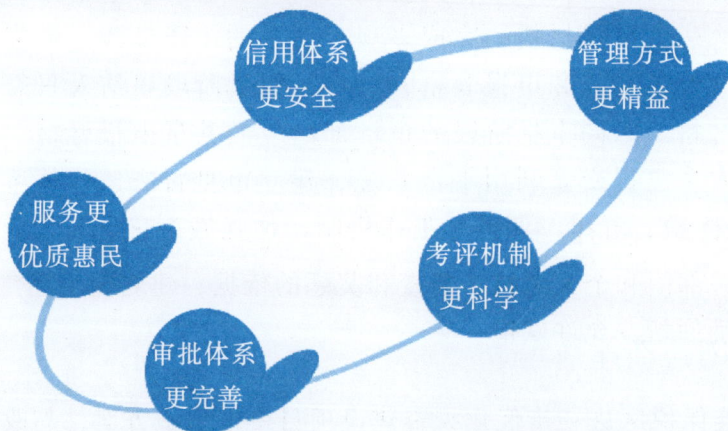

图2-5　大连建设工程项目审批改革方案的成效

▷服务更优质惠民。大连市着手推行线上线下一站式"单一窗口"全流程服务和咨询服务，整合各部门和各市政公用部门分散设立的服务窗口，建立由行政服务中心、各相关审批部门人员分别对应组成的"立项用地规划许可、工程建设许可、施工许可、竣工验收"四个环节单一窗口，并制定专员对接服务制度。建立并完善"前台受理、后台审核"机制，实现"一个窗口"服务和管理。

▷信用体系更健全。2018年10月底前，建立健全建设行业信用体系，各相关部门依职权将企业和从业人员违法违规、不履行承诺等不良行为推送到市公共信用信息平台，构建"一处失信、处处受限"的联合惩戒机制，实现信用信息公开与奖惩联动。

▷审批体系更完善。以机构改革为契机，加快建设"多规合一"业务协同平台，建立统一的空间规划体系框架，构建以战略性蓝图、管控性蓝图、实施性蓝图为底层架构的蓝图体系。对接国家部委、省工程建设项目审批管理系统，链接区、县、乡镇（街道）管理平台，管控覆盖全域空间，实现项目管理"横向到边、纵向到底"的全过程数据共享、全节点立体监管，进一步建立"用数据说话、用数据决策、用数据管理、用数据创新"的精细化审查监管机制。

▷考评机制更科学。市委、市政府将加大对有关部门改革工作的督查力度，跟踪督查改革任务落实情况。定期向住房城乡建设部报送工作进展情况。对于工作推进不力、影响工程建设项目审批制度改革进程的，特别是未按时完成阶段性工作目标的，要依法依规严肃问责，建立全程监督机制，明确节点，责任到人；实现流程节点网上即时主动公开，全程可视，透明可查；实行绩效考核，超时扣分；相关部门、企业和代办人进行互评，相应绩效作为相关部门和代办人的年度单位、部门和个人考核、督查和奖惩的依据；建立健全容错纠错机制，鼓励创新，允许试错。

▷管理方式更精益。对于能够用征求相关部门意见方式替代的审批事项，调整为政府内部协作事项，强化服务及事中事后监管。

2.5 复制推广评估

大连保税区基于本地实际情况，创新思路，独具大连特色地进一步优化投资建设项目审批实施方案，聚焦企业和群众反映突出的办事难、办事慢、多头跑、来回跑、"一长四多"等问题，以更快、更好、更方便企业和群众办事创业为导向，着力打造"宽进、快办、严管、便捷、公开"的工程建设项目审批服务模式和更加良好的国际化、法治化、便利化的营商环境，加快转变政府职能和加大简政放权力度，切实增强政府公信力和执行力。因各城市情况有所不同，该审批方案的复制推广要求较高。

3 创新案例三：大连保税区创新"一门一网一次"政务服务模式，打造优化营商环境新名片

3.1 案例概况

案例描述

为进一步优化营商环境，不断提高政务服务效能，大连保税区充分发挥信息化手段作用，努力推进政务服务标准化、规范化改革，以"互联网+政务服务"为引导，以"行政审批标准化"为前提，以"协同办公平台"为基础，以"单一窗口"为模式，通过有序推进微信核名、短信（微信）无声叫号、集中登记场所规范管理、完善自助修订设施设备、实行"告知承诺制度"、将"办税服务"整合到行政服务大厅等工作，目前已基本实现企业办事只进一个门、只面对一个网、只来一次就办好的"一门一网一次"政务服务新模式。

主要做法

大连保税区充分发挥信息化手段的作用，以协同办公系统为中枢，"互联网+政务服务"体系建设取得新进展，行政服务"单一窗口"模式走在全国前列。大连保税区"一门一网一次"政务服务新模式的具体操作方法有以下几点（如图3-1所示）：

1.建立集政务公开、日常办公、并联审批、单项审批、多部门数据共享为一体的协同办公平台。

图3-1 大连保税区"一门一网一次"政务服务新模式主要做法

2."单一窗口"完成收件工作，申请人在服务大厅无须特别识别窗口名称、区分所办业务归哪个部门，直接将材料递交到单一的"综合窗口"（以下简称"单一窗口"）办理即可；综合窗口的工作人员根据各部门提供的统一的、标准化的权责清单，进行形式核对、完成收件等工作。

3.建立以短信（微信）为依托的"无声叫号"系统，实现企业名称核准100%网络化，且服务大厅与网上服务大厅同步运行。

4.服务大厅开设免费自助修订区，"单一窗口"提供免费复印服务，政府提供申请材料免费复印、免费邮寄营业执照和印章等便利服务。

创新亮点

大连保税区推出的"一门一网一次"政务服务新模式，通过信息多跑路和便利化服务措施，不仅实现了企业少跑路、企业申请人只需一次提交就能拿到营业执照和印章，还彻底解决了涉事企业普遍反映的"门难进、脸难看、事难办"的难题。具体创新之处主要体现在以下几方面（如图3-2所示）：

1.申请人与承办人之间零接触。"单一窗口"工作人员完成收件等工作后，其他环节均通过协同办公系统，转入部门内部进行处理。申办事项是否合法、要件是否齐全、填写是否规范、是否告知承诺内容，都通过"无声叫号"系统传递给申请人。申请人无须与各业务部门进行沟通，即可以顺利完成提交，真正实现了申请人与承办人之间的零接触，可有效避免因自由裁量权产生的收件纠纷。同时，"无声叫号"系统可将审批进度通过微信、短信、网站平台实时推送给当事人，有效保证了审批程序的公开透明。

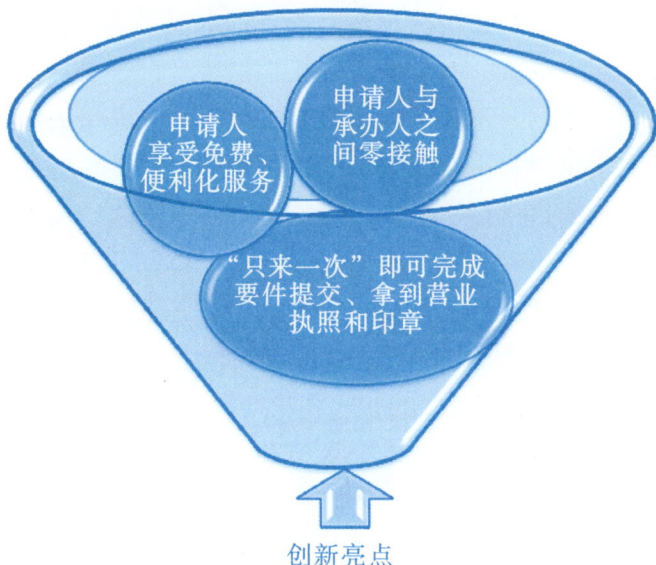

图3-2　大连保税区"一门一网一次"政务服务新模式创新亮点

2.申请人享受政府提供的免费、便利化服务。申请人在"单一窗口"可享受免费复印服务；在服务大厅自助修订区可免费享受修改、打印服务；若申请人在窗口通过身份核实后，即使有不合格材料也可免费享受邮递送达服务，而无须为此多次往返；申请人在综合窗口提交材料后，可直接在系统上确认印章制作种类和数量，并免费享受印章与营业执照邮递送达服务。

3.申请人只来一次，即可完成要件提交、拿到营业执照和印章。申请人通过享受上述免费的便利化服务后，即使需要多部门联合审批的事项或遇到材料不合格的情况时，也不需要多次往返和重复递交申请材料，真正实现了使申请人只来一次，即可完成要件提交、拿到营业执照和印章。

实施效果

大连片区深入推进"互联网+政务服务"工作，建立了集政务公开、日常办公、并联审批、单项审批、多部门数据共享为一体的协同办公平台，创新出以协同办公系统为枢纽、以"单一窗口"为载体的"一门一网一次"政务服务模式，有效解决了长期以来"门难进、脸难看、事难办"的政务服务难题；消除了窗口之间忙闲不均、办事人员长时间等待问题；通过取消窗口自由裁量权，严格按照标准收件，有效规避了收件纠纷；审批进度通过微信、短信、网站平台实时推送给当事人，全过程接受监督，实现了审批程序公开透明，取得了良好的社会效果。截至目前，协同办公平台完成了权责清单全部1 083项的数字化工作，实现了全部246项行政审批事项的标准化；建立以短信（微信）为依托的"无声叫号"系统，企业名称核准100%网络化（微信化），实体服务大厅和网上服务大厅同步运行；调研结果表明，服务企业满意度高达99.7%。

3.2 评估方法

◇ 深度访谈法

多次与行政服务大厅"单一窗口"相关工作人员及前来办事企业进行访谈，深入了解"一门一网一次"政务服务模式的实施步骤、操作方法及创新内容，分别从宏观和微观两个层面了解落实效果，并搜集相关资料和案例素材。

◇ 对比分析法

将"一门一网一次"政务服务模式实施前后操作方法的优缺点及涉事企业感受度进行比较，评价政务服务新模式的创新性和有效性。

◇ 专家打分法

邀请相关领域专家对"一门一网一次"政务服务模式的创新性和推广难易度进行打分评价。通过加权平均法计算总分，分项和总分均以5分为满分。

◇ 问卷调查法

向案例所涉及的企业发放问卷，了解企业对案例创新成效的感知度和满意度。在本案例获取的样本中，民营企业占71.69%，外资企业占15.23%，国有企业占13.08，样本企业类别中民营企业超过七成，如图3-3所示。

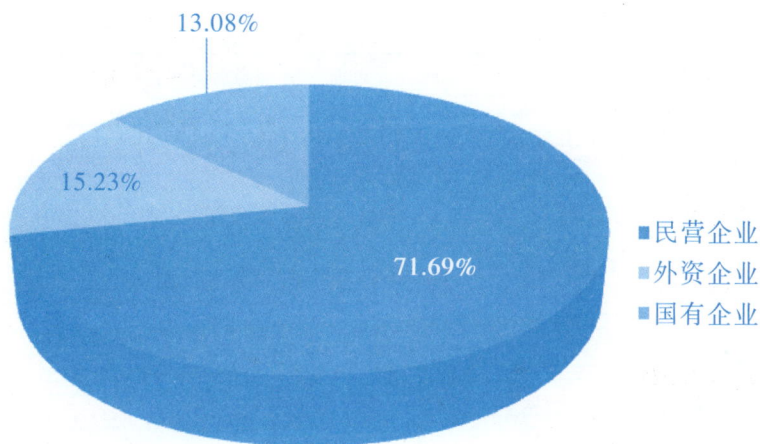

图3-3　大连保税区"一门一网一次"政务服务模式调查问卷企业类别

3.3　创新性评估

创新前后对比

大连保税区基于协同办公系统创新的"一门一网一次"政务服务模式，是不断提高政务服务效能、优化营商环境、将彻底转变工作作风落到实处的重要举措。与传统模式相比，"一门一网一次"政务服务模式，有效解决了长期以来"门难进、脸难看、事难办"等政务服务难题，大大提高了企业办事效率，是转变政府职能、提升政务服务满意度的有效途径，创新优势较为突出，见表3-1。

表3-1　大连保税区"一门一网一次"政务服务模式创新前后对比

政务服务模式创新前	政务服务模式创新后
模式	➤ 申请人到服务大厅需仔细识别窗口标识，判断所办业务归属哪个部门； ➤ 如需多部门联合审批，需要重复递交申请材料； ➤ 若材料不合格需要重新准备复印件、返回取件等； ➤ 窗口拥有自由裁量权； ➤ 申请人提交材料后需再到印章制作单位刻制印章； ➤ 取营业执照和印章	➤ 申请人只需来服务大厅一次，在"单一窗口"提交相关资料； ➤ "单一窗口"提供免费复印服务；行政服务大厅开设"自助修订区"，无偿提供大厅内修改、打印服务；申请人到窗口通过身份核实后，不合格材料可通过邮递送达，政府负担邮递费用； ➤ 审批进度通过微信、短信、网站平台实时推送给当事人； ➤ 提交材料后，在系统上确认印章制作种类和数量，待印章制作完成后，与营业执照一起免费邮递送达申请人

政务服务模式创新前	政务服务模式创新后
特点 ◆ "门难进、脸难看、事难办" ◆ 窗口之间忙闲不均 ◆ 办事人员长时间等待 ◆ 收件纠纷时有发生 ◆ 多次往返办事大厅等相关部门	✓ 申请人与承办人之间零接触，有效避免纠纷 ✓ 申请人无须区分所办业务归属部门，无需重复递交申请材料 ✓ 审批程序公开透明 ✓ 企业办事只来一次、一次提交即可拿到营业执照和印章

企业感知纬度

通过对案例所涉及企业的深度访谈得知，他们对大连保税区推出的"一门一网一次"政务服务模式感受度较高，对该项制度创新服务满意度高达99.7%。主要效果如下：一是通过"单一窗口"实现的申请人无须区分所办业务归属部门、无需重复递交申请材料以及服务大厅或窗口提供的免费复印、快递等服务，大大减少了企业申请人等待及多次往返提交材料的时间；二是通过"协同办公系统"实现的申请人与承办人之间零接触以及窗口自由裁量权的取消，有效地杜绝了收件纠纷现象；三是依托"无声叫号"系统实现的申请人可通过微信、短信或网站平台对审批过程全程监督，大大提高了审批程序的公开透明度；四是通过信息多跑路，企业申请人只需跑一次、进行一次提交，即可"坐在家里"免费收到营业执照和印章，极大地方便了涉事企业。

专家评价维度

"一门一网一次"政务服务新模式的应用，有效地提升了政府服务效能，解决了长期以来政务服务部门存在的窗口之间忙闲不均、"门难进、脸难看、事难办"的政务服务难题，极大地提高了企业办事效率。专家对该案例评分情况如下：模式创新性4.78分，提升政府服务效能4.95分，降低企业时间成本4.96分，减少窗口服务纠纷4.87分，提升审批透明度4.89分。该案例创新性综合评价为4.89分，如图

3-4所示。"一门一网一次"政务服务新模式创新性显著。

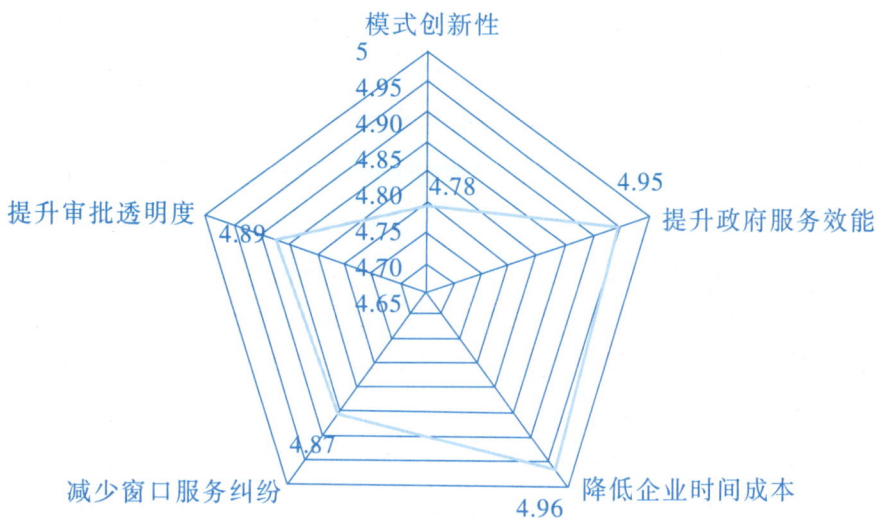

图3-4　大连保税区"一门一网一次"政务服务模式创新性专家评分

3.4　创新成效评估

主要创新成效

◇ 企业办事效率大大提高。"一门一网一次"政务服务新模式，使企业只需来一次服务大厅，无须区分所办业务归属部门、无需重复递交申请材料、无需提前准备申请材料复印件，即使材料需要修改、打印等，在服务大厅也能得到"一站式"的免费解决；申请人在窗口通过身份核实后，即使有不合格材料申请人也无须往返，不合格材料由政府负担邮费，免费送达。申请人在综合窗口提交材料后，可直接在系统上确认印章制作种类和数量，无须再到印章制作单位刻制印章，而由系统自动将印章刻制所需材料转到印章制作单位，印章制作完成后，将与营业执照一起，免费邮递送达申请人。"一门一网一次"政务服务模式采取的便利化服务措施，使企业真正享受到"只来一次"就完成要件提交、一次提交就能拿到营业执照和印章的服务，极大地方便了企业，缩短了企业时间成本，提高了办事效率。

◇ 以权责清单数字化和审批事项标准化为前提的"协同办公系统"和"单一窗口"模式，极大地提升了政府服务效能。申请人将申请材料递交到"单一窗口"后，窗口工作人员将根据各部门提供的统一的、标准化的权责清单，进行形式核对，完成收件工作；其他环节都通过协同办公系统，转入部门内部进行处理；申办事项是否合法、要件是否齐全、填写是否规范、是否告知承诺内容等，都通过"无声叫号"系统传递给申请人。上述环节均是以协同办公系统统一平台下的权责清单数字化和审批事项标准化为前提实现的。在这一过程中，申请人无须与各业务部门进行沟通就能顺利完成提交，实现了申请人员与承办人员的零接触，有效杜绝了因窗口自由裁量权导致的收件纠纷；以权责清单数字化和审批事项标准化为前提的"单一窗口"模式，彻底消除了服务窗口之间"忙闲不均"问题，大大缩短了办事人员的等待时间；微信、短信、网站平台等现代化手段实时将审批进度推送给当事人，且全过程接受监督，极大地提高了审批程序的公开性和透明度。"一门一网一次"政务服务新模式，以"协同办公系统"为中枢，以权责清单数字化和审批事项标准化为前提的"单一窗口"模式，有效解决了长期以来"门难进、脸难看、事难办"的政务服务难题，提升了政府服务效能，对优化营商环境大有裨益，如图3-5所示。

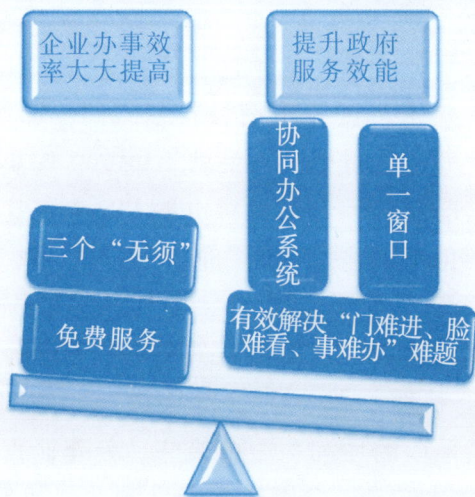

图3-5　大连保税区"一门一网一次"政务服务模式的主要创新成效

问卷调查结果

对"一门一网一次"政务服务新模式进行的调查问卷结果显示，样本企业对该创新模式的认可度非常高，对"单一窗口"系统、"无声叫号"系统、便利化服务措施等问题，认为"比较有影响"及以上的企业高达85.8%，其中，32.70%的企业认为"很有影响"，如图3-6所示。

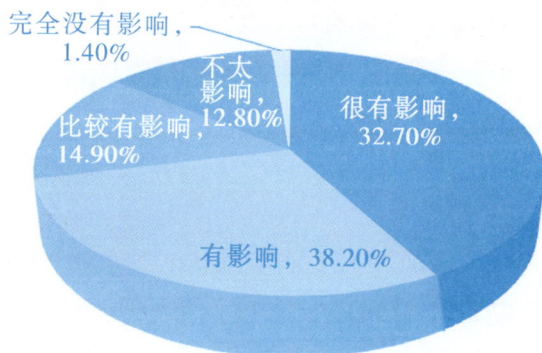

完全没有影响，1.40%
不太影响，12.80%
比较有影响，14.90%
很有影响，32.70%
有影响，38.20%

图3-6 样本企业对"一门一网一次"政务服务模式的认可程度

调查问卷还显示，有62.8%的企业对"单一窗口"系统、"无声叫号"系统和便利化服务措施政策"很满意"，25.3%的企业对这一政策"满意"，样本企业对"一门一网一次"政府服务新模式的满意度高达99.7%，其中"不太满意"企业主要是对微信系统操作不熟练导致。本案例创新成效得到企业的充分肯定，如图3-7所示。

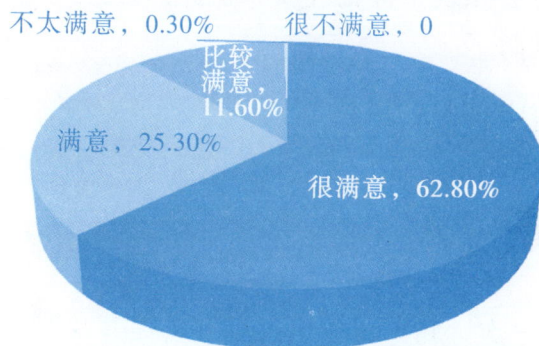

不太满意，0.30%   很不满意，0
比较满意，11.60%
满意，25.30%
很满意，62.80%

图3-7 样本企业对"一门一网一次"政务服务模式的满意程度

3.5　风险评估及防控措施

风险评估

　　"一门一网一次"政务服务新模式风险程度很低，但需要对权责清单和审批事项标准进行科学设计及权责清单数字化的精确录入，对"单一窗口"工作人员素质也有一定要求，且该模式涉及"协同办公系统"和"无声叫号"系统，对网络服务和信息化要求较高，如遇网络中断或停电现象将影响业务办理。

防控措施

　　◇科学设计权责清单和审批事项标准，畅通"协同办公"联络通道。邀请相关专家及经验丰富的工作人员，制定较为全面和科学的权责清单与审批事项标准，建立"协同办公"工作机制，保证"协同办公"联络通道畅通。

　　◇定期对"单一窗口"工作人员进行培训。每年定期对"单一窗口"工作人员进行培训，提高相关工作人员素质及业务能力。

　　◇定期对"协同办公系统"进行维护，建立断网断电应急机制。定期对"协同办公系统"优化升级和维护，对断网断电等突发现象，建立应急响应机制。

3.6　复制推广评估

复制推广价值

　　"一门一网一次"政务服务模式可有效提升政府服务效能、提高企业办事效率，通过"协同办公系统"、"单一窗口"和办事人与承办人之间的零接触，有效消除了各服务窗口忙闲不均、办事人员长时间等待的问题，彻底解决了"门难进、脸难看、事难办"的政务服务难题。实践表明，"一门一网一次"政务服务模式，是转变政府职能、提高办事效率、提升政务服务满意度的有效途径，受到涉事企业的广泛认可和好评，具有较强的推广价值。

复制推广所需条件和难度

"一门一网一次"政务服务模式是深入推进"互联网+政务服务"工作的重要成果，需要建立集政务公开、日常办公、并联审批、单项审批、多部门数据共享为一体的协同办公平台，设立以权责清单数字化和审批事项标准化为实施前提的"单一窗口"。其中，免费提供打印、复印、邮递等服务，可根据当地财政灵活变通。"一门一网一次"政务服务模式复制推广难度相对较低，适宜在全国范围内复制推广。

4 创新案例四：审批后置、服务前置——环保禁止性规定纳入工商提前告知

2014年《国务院关于取消和调整一批行政审批项目等事项的决定》（国发〔2014〕27号）将31项工商登记前置审批事项改为后置审批，其中环保审批已不再是工商登记的前置审批事项，如图4-1所示。

图4-1　前置审批事项改为后置审批

审批后置是政务改革的方向，工商登记前置审批事项改为后置审批，有利于推动简政放权、推进政府职能转变，有利于激发市场活力、促进经济稳定增长。但这一新变化在给企业注册登记带来极大便利的同时，也不可避免地产生一些"副作用"，主要表现为企业在已经取得工商营业执照后，才知道一些环保方面的禁止性规定，造成无法取得相关环保手续。然而企业此时已经在经营场地、设备、人员、营销渠道建立等方面进行了大量投资，造成资金、资源搁置浪费。为

避免此类情况的发生，化解企业投资风险，大连市环保局将环保禁止性规定纳入工商提前告知内容中，切实为企业发展创造良好环境、提供优质公共服务。

主要做法

前置审批：在办理营业执照前需要先去审批项目，即审批完成后再办理工商营业执照。

后置审批：对于应当予以前置审批的商事登记，为了提高商事登记的效率，促进商事活动的迅速开展，采取先行商事登记而后进行理应前置审批的审查，它代表了前置审批制度改革的方向。

为真正在自贸区实现提高效率、服务企业，大连市环保局在坚决执行环保审批后置政策的同时，将服务工作前置。经过与工商部门的多次沟通协调，自 2017 年 8 月 29 日开始，市环保局将"11 项项目选址主要环保禁止性规定"纳入工商注册《住所（经营场所）承诺书》告知内容，让企业在办理注册登记的第一时间就同步了解后续环保审批的相关规定和要求。

"禁止性规定"主要结合《中华人民共和国大气污染防治法》等法律、法规、规范性文件，对餐饮、娱乐、机动车修配厂等易出现选址错误的"三产"项目禁止范围予以明确；对畜禽养殖类、分散燃煤锅炉、涉及保护区的项目以及其他类型的项目提前告知相关选址禁止性规定。这一做法从源头避免了申请人盲目选址造成投资损失，同时也方便企业取得后续环保手续。大大地减少了商事主体的开业成本，提升商事主体的经商信心。

创新亮点

在"放管服"改革中一些环保前置审批项目被调整为后置审批的情况下，大连市环保局创新思路，将服务工作前置，压缩了各环节的时限，并有效化解了后置审批给企业带来的一些"副作用"。此举在全国范围内尚属首次，创新亮点如图4-2所示。

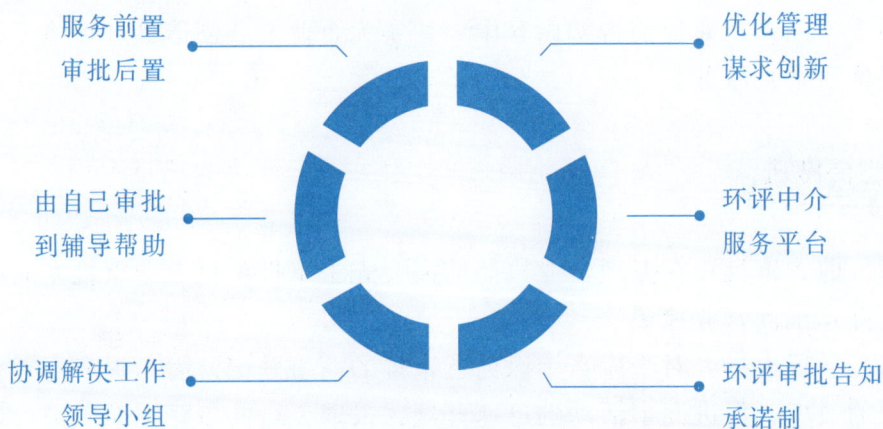

服务前置
审批后置

优化管理
谋求创新

由自己审批
到辅导帮助

环评中介
服务平台

协调解决工作
领导小组

环评审批告知
承诺制

图4-2　创新亮点图解

1.服务前置、审批后置

进一步压缩时限，提速行政审批事项办理；深化"放管服"改革，出台指导意见，规范全市登记表备案管理工作；提前告知选址禁忌，化解企业投资风险，将项目选址禁止性规定纳入全市工商注册事前告知。树立"大监管"理念，"宽进"后需要"严管"，工商登记前置审批事项改为后置审批也需要"严管"。

2.由"自己审批"到"辅导帮助"

审批权下放，区县环保部门是否能够处理得当？面对各种实际情况，大连市环保局迅速将工作重心由"自己审批"转到"辅导帮助"上，服务跟上，鼎力支撑。通过强化对内服务提高全系统对外服务的能力，同时推出专员服务、即来即批、信息共享等13项根本性制度变革，帮助企业在环评审批环节省心、省钱、省时。

3.优化管理，谋求创新

在"放管服"的过程中，市环保局力求创新，优化管理模式。原来建设项目的相关信息要录入5个不同的平台，而且录入标准、格式都不统一，既有很多耗时费力的重复劳动，又不便于查询。此次改革与以往最大的不同就是推倒原有环节，进行了流程再造。按照"信息跑路，群众省步""只设路标，不设路障"等创新原则，大连市将原有市级环保审批权限绝大部分下放至各区、市、县，并将审批流程大幅精简，坚持让"放管服"无短板，不缺位，齐头并进。

4.协调解决工作领导小组

为了切实解决环评审批中的疑难问题，市环保局专门成立建设项目环评审批难点业务问题协调解决工作领导小组，对区县环保部门的难题直接进行指导；比较复杂或专业性强的，根据问题类型组织各相关部门和专家集体研究提出解决方案。

5.环评中介服务平台

大连市环保局建立环评中介服务平台，出台环评机构考核办法，企业可以通过服务平台和考核结果，全面了解环评机构的水平能力。同时，区域评估细则、已审查规划环评清单、环评报告编制可共享内容、环评报告编制基本要求，将明确告诉企业哪些环境数据在编制环评报告时可直接采用，不需要额外再花钱去监测获取。

6.环评审批告知承诺制

环评审批告知承诺制实施细则规定，在已开展规划环评或区域评估的区域内需要编制环评报告表的项目，企业对遵守相关环保规定做出书面承诺后，当场即可拿到审批决定书，实现即来即批、立等可取，不再必须等待为期1个月的审批期。

建设项目审管联动工作制度要求评估部门在审批决定做出1个月内对环评文件编制质量进行复核，监管部门在审批决定做出后2个月内对申请人承诺事项进行逐项核查，对环评报告存在问题或未履行承诺的，将依法撤销审批决定，进行严肃处理；守信联合激励和失信联合惩戒制度将把失信单位列入黑名单，此后永不适用审批告知承诺制。

简要效果

大连市环保局"将环保禁止性规定纳入工商提前告知"这一创新举措给企业带来了极大便利。在办理工商注册前提前了解环保方面的相关禁止性规定，合理优化项目选址，避免了因选址失误造成的经济损失。截至2018年年底，大连市已有两万余家新办企业在注册登记同时获知了"项目选址主要环保禁止性规定"，注册登记后因选址不当造成项目无法投产经营的情况大大减少。

某汽车修配厂办理工商注册登记时，收到一份"项目选址主要环保禁止性规定告知书"，负责人对照才发现，之前拟定的经营场所不符合环保要求，多亏及时知道，否则签完租赁合同再换地方损失就大了。企业负责人也表示，一系列环保审批制度重大改革举措的实施让企业在环评审批过程中少操心、少花钱、少等待。同时，企业也将切实履行承诺，承担社会责任，严格遵守环保法律法规，诚实守信合法经营发展。

后续思路

下一步，大连市环保局将进一步优化服务机制。创新服务理念，提前介入、超期服务，不断完善各项配套制度；优化营商环境，提高审批效能，进一步改进监管理念；创新监管方式，增强监管治理能力，提高事中事后监管水平；促进行业自律和社会管理，引导企业提升自我管理水平，从而进一步助力辽宁自贸试验区建设发展。

评估方法

1.创新性评估

2018年5月，国务院下发关于开展工程建设项目审批制度改革的通知，并确定了16个试点城市，大连是其中之一。根据大连市的相关改革要求和任务分解，大连市环保局经过充分调研，决定推出13项具体可操作政策大幅简政放权，服务企业。大连市环保局将环保禁止性规定纳入工商提前告知：审批后置、服务前置，有效化解"副作用"，改变了过去企业从事多项经营活动，由于有些项目需要环保许可而未经许可，导致无法经营和资源浪费闲置的局面。

"环保禁止性规定纳入工商提前告知"制度创新前后对比见表4-1。

表4-1　"环保禁止性规定纳入工商提前告知"制度创新前后对比

	制度创新前	制度创新后
模式	前置审批事项改为后置审批 缺点：可能由于环保禁令导致审批工作反复，效率低下	审批后置、服务前置 优点：有效化解"副作用"，避免前期投资浪费，减少企业压力
操作方法	环保方面的禁止性规定，造成无法取得相关环保手续 缺点：企业进行了大量投资，造成资金、资源搁置浪费； 审批环节出现反复，效率低下，企业成本风险压力增大	"放管服"改革，环保禁止性规定纳入工商提前告知 优点：提高效率、服务企业； 合理优化项目选址，从源头避免了申请人盲目选址造成投资损失，同时也方便企业取得后续环保手续

2.风险评估及防控措施

归责风险及防控措施需要由工商局和环保局共同协作完成。后置审批给企业注册登记带来极大便利，但在操作时需仔细斟酌将哪些环保禁止性规定纳入工商提前告知；哪些重要审批不可省略，以防止审批流程反复，反而降低效率。

3.复制推广评估

◇ 复制推广价值

审批后置，服务前置。大连市环保局在坚决执行国家审批制度改革大原则的前提下，创新思路、主动作为，不因项目环保后置审批而照本宣科，而是从企业的角度考虑问题，真正把心放在为企业服务上。为新一轮东北振兴和辽宁自贸试验区建设贡献力量。

◇ 复制推广所需条件

复制推广包括品类推广和地域推广。品类推广条件较为宽泛，以环保为代表的禁止性规定或其他后置审批中的重要环节规定，均可试行纳入工商提前告知。地域复制推广需要当地政府与环保局、工商局协同推进，仔细斟酌相关条例。同时需要获得许可文件和相关政策支持，并对"放管服"政策的把握度和操作的规范性有一定要求。

5 创新案例五：大连片区事中事后监管平台创新

5.1 案例概况

案例描述

为响应深入贯彻落实党的十九大和十九届二中、三中全会改革部署以及国家、省、市深化"放管服"改革相关要求，进一步转变政府职能，强化事中事后监管，以信息化手段支撑事中事后综合监管工作开展，大连片区事中事后监管平台于2017年10月完成方案设计，2018年4月初步完成并投入使用。事中事后兼管平台主要用于对片区内企业的事中事后兼管工作进行信息化管理，汇总兼管信息，实现政府部门间兼管信息共享，使兼管工作内容透明化，兼管流程规范化、标准化、程序化，兼管数据数字化，对分类兼管、重点兼管、联合兼管、精准监管提供数据支撑。平台对区内企业开放使用，对企业兼管数据进行归集，使企业能够快速、准确、及时地了解信用数据，配合兼管工作，提高兼管工作效率；同时，促进企业信用数据公开及企业自律、自治，提高片区企业信用级别，维护市场秩序。

主要做法

监管平台建设的基本原则是以部门审批为基础，以集中办理（单一窗口）、审批过程公开透明为手段，特别授权为补充，是大连片区审批模式的主要特征。与现有的审批模式相配套，是做好事中事后监管的前提，与审批模式的改革推进相适应，是做好监管工作的基础，与政府管理市场的目标相吻合，是做好监管工作的核心。

大连保税区借鉴国内先进地区平台建设经验，对市场主体的监管职责目录实施动态管理；对接大连市企业法人基础数据资源共享交换服务，建立健全市场主体名录库和执法检查人员名录库，综合利用大连保税区单一窗口受理系统、大连保税区自动化办公系统、大连保税区企业设立并联审批系统及大连保税区门户网站已有资源，初步建成大连保税区事中事后综合监管平台，有效推动部门联动和联合惩戒，增强监管合力，提升综合监管水平。

大连片区事中事后监管平台与市平台实现互联互通，将归集的保税区主体信用信息数据按照市级平台要求上传给市共享交换平台或从市共享交换平台提取保税区综合监管平台数据（相关软件接口开发作为本平台建设的一个部分）。

创新亮点

大连片区事中事后监管平台主要运用网络与信息化汇总兼管理，实现政府部门之间的信息共享，以及工作内容的透明化、工作流程的规范化、标准化、程序化，相较于传统的监管平台有以下几个创新点：

1.对标上海，凡是上海市事中事后综合监管平台适合大连市的功能，全部纳入《大连市事中事后综合监管平台建设工作方案》；

2.结合大连实际，按照"一级建设、两级使用、分期开发"的原则进行建设，并支持区市县（先导区）建设二级子平台；

3.借鉴先进地区经验，融合各地区特点亮点。先后三次组织人员分别赴上海、北京、厦门、南昌、南京、长春、沈阳、常德等事中事后监管平台建设先进地区进行学习考察，吸纳了先进地区的"双告知""双随机""双归集""双跟踪""双反馈""双评估"和分类警示等内容。

5.2　评估方法

◇深度访谈法。为了深入了解创新案例的发生、发展，主要内容和具体做法，与大连以及上海等片区政府相关领导及其他工作人员进行深度访谈。

◇比较分析法。将传统的大连片区监管平台与大连片区事中事后监管平台的实施流程进行对比，通过两种管理方式、具体做法优缺点比较，评价告知大连片区事中事后监管平台的创新性。

5.3　创新性评估

前后对比维度

将传统监管方式与事中事后监管平台监管方式进行对比，如图5-1所示，事前审批事中事后监管的综合监管平台为"双告知"提供支撑，工商部门核发执照后，将市场主体登记信息传送至综合监管平台。经营项目审批部门明确的，综合监管平台根据登记机关自动将信息推送（告知）同级审批部门，属于本级审批权限的，审批部门直接认领。综合监管平台为"双随机"建设提供支撑，各监管部门将抽查方案的关键数据指标录入综合监管平台后，实现随机抽取检查对象和选派执法检查人员，同时依托系统可以对本部门随机抽查事项进行动态管理，并根据随机抽查事项生成检查结果记录表，检查人员检查并逐项记录结果后，系统自动将有关信息归集在法人数据库市场主体名下，并通过国家企业信用信息公示系统（辽宁）进行公示。探索创新事前诚信承诺、事中评估分类、事后联动奖惩的全链条信用监管体系。

传统监管方式	事中事后监管平台
"靠腿的监管"	以高科技为依托的现代化监管
传统的手工监管模式	监管信息化、网络化、自动化
监管资源条块分割、信息数据共享不足	业务条线互联互通、信息数据共享共用
强制成分较多，执法存在主观性、行政检查、处罚、强制等手段，重审批轻监管	人性化，区分不同类型和性质监管对象，事前审批事中事后监管

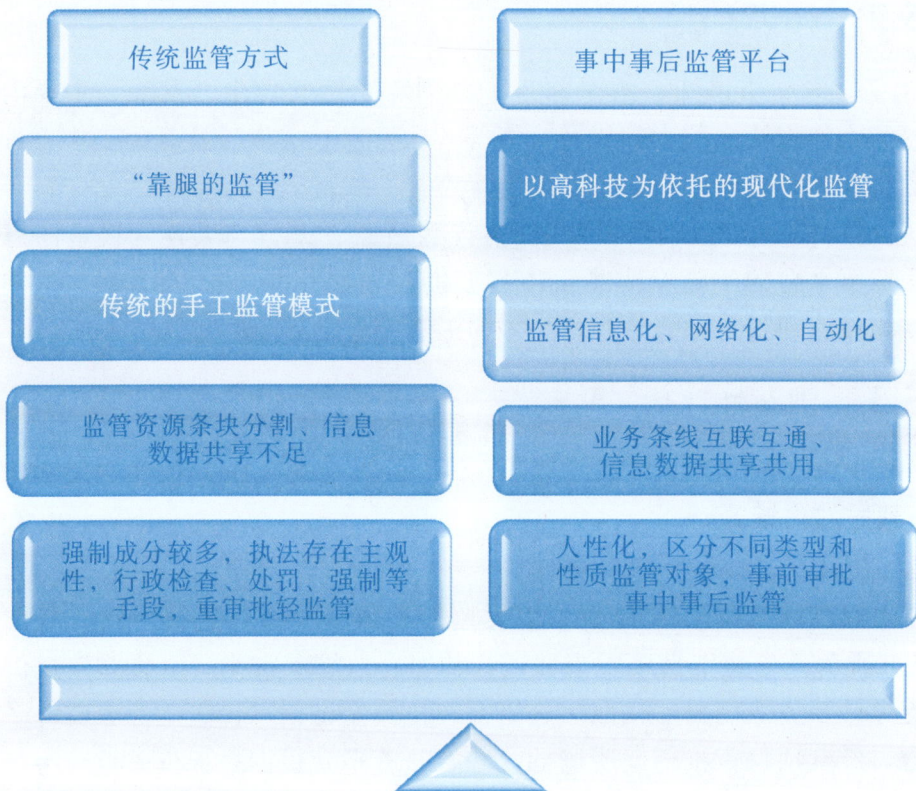

图5-1　传统监管方式与事中事后监管平台监管方式对比分析

5.4　创新成效评估

主要创新成就

目前，保税区市场监管局、规划局、建设局、经发局、卫生局、社管局、安监局等有事中事后监管职能的部门都在使用此平台。

1.平台与保税区协同办公系统相连接，能实现市场主体的数据从事前审批到事中事后监管数据的完全对接。

2.平台实现了与工商信息的数据交换，使市场主体信息完整准确。

3.平台与"集中登记场所管理"数据对接，能实现不良市场主体信息自动告知各职能部门。

5.5 风险评估及防控措施

由于事中事后监管平台主要依托于互联网信息技术平台，在事中事后监管平台建设前期需要完成大连市企业信用信息共享交换平台建设工作，并建立健全市场主体名录库和执法检查人员名录库，开展"双随机"监管抽查，在这个过程中存在信息录入和搜集的困难，以及信息共享交换平台的技术性问题。防控措施：对标上海、借鉴国内先进地区平台建设经验，引进和培养相关专业性人才加强信息共享交换平台系统的完善。要建立健全网络市场监管分工协作机制，强化线上线下一体化监管。通过信息公示、抽查、抽检等方式，综合运用提醒、约谈、告诫等手段，强化对市场主体及有关人员的事中监管，及时化解市场风险。针对存在违法违规行为的市场主体强化事后监管，依法及时认定违法违规行为的种类和性质，组织有关部门依据各自职能共同参与处置。

5.6 复制推广评估

◇ 复制推广价值

大连片区在建设事中事后监管平台过程中以信息化手段支撑事中事后综合监管工作开展，吸纳了先进地区的"双告知""双随机""双归集""双跟踪""双反馈""双评估"和分类警示等内容，探索建立"六个双"政府综合监管机制，积极探索建立跨部门"双告知、双反馈、双跟踪"行政审批办理机制和"双随机、双评估、双公示"监管协同机制，实现全行业覆盖，在事中事后综合监管平台实现全链条贯通，对市场主体行为实现全生命周期跟踪。推动简政放权、放管结合、优化服务改革向纵深发展，需要以科学有效地"管"促进更大力度地"放"，事中事后监管是关键。

转变政府职能，强化事中事后监管，创新监管方式，增强政府公信力和执行力，进一步转变监管理念、改革监管体制、完善监管机制，改变重审批轻监管的行政管理方式，把更多行政资源从事前审批转到加强事中事后监管上来。这样能够使政府行政监管体系更加统一规范、权责明确、公正高效、法治保障，探索形成市场主体自律、行业自治、社会监督、政府监管"四位一体"监管新格局，使市场在资源配置中起决定性作用和更好地发挥政府作用，以管得更好促进放得更活和服务更优，释放市场活力和动力，提升企业和群众改革获得感。所以大连片区事中事后监管平台建设，具有一定的复制推广价值。

◇ **复制推广所需条件**

大连片区事中事后监管平台复制推广需要三方面条件。一是需要大连市政府的统筹规划和大力支持；二是需要保税区市场监管局、规划局、建设局、经发局、卫生局、社管局、安监局等有事中事后监管职能的部门之间的相互支持配合和信息互联互通；三是建立统一规范、权责明确、公正高效、法治保障的政府行政监管体系并且效果显著，有良好的示范作用。

6 创新案例六：环境影响评价文件审批告知承诺制

6.1 案例概况

环境影响评价文件审批告知承诺制是指申请人提出建设项目环境影响评价文件审批申请，环保部门一次性告知其审批条件和需要提交的材料，申请人在项目开工前，向环保部门提交符合规定的环评文件、承诺书及其他相关材料，环保部门不再对环评文件开展实质性审查，直接做出审批决定的方式。

环评审批周期长是近年来企业遇到的困难之一。为优化服务，提升审批效率，市环保局推倒原有环节，进行流程再造，出台《大连市环保局建设项目环境影响评价文件审批告知承诺制实施细则》。对已完成规划环评审查且准入清单明晰的产业园区内或实施区域评估的区域范围内的编制报告表类项目，企业做出遵守环保法律法规承诺后，审批部门立即批复，实现即来即批、立等可取，最大限度地缩短了企业建设项目的环评审批周期，为企业提供了极大便利。

6.2 主要做法

为进一步贯彻落实"放管服"改革和优化营商环境要求，提高审批效率，提升服务质量，根据《大连市行政审批告知承诺办法》和《大连市工程建设项目审批制度改革试点工作方案》，大连市环保局出台了《大连市环保局建设项目环境影响评价文件审批告知承诺制实施细则》，推行环评文件审批告知承诺制。具体实施步骤如下：

◇ 告知。申请人向环保部门提出涉及告知承诺的事项申请时，环保部门应向申请人提供告知承诺文书，并进行解释和填写辅导。

◇ 承诺。申请人应仔细阅读告知承诺文书，在了解告知的批准条件、标准和要求后做出承诺。

◇审批。环保部门收到告知承诺制要求的必备材料后，应即时做出审批决定。同时在市环保局网站公开环评文件、承诺书及审批决定，接受公众监督，公示时限不少于10个工作日。

◇履诺。申请人应严格履行承诺，落实项目环境影响评价文件提出的各项环境保护要求，确保符合或者达到环保部门告知的批准条件、标准和要求。

◇监督检查。环保监管部门应在审批决定做出后2个月内对申请人承诺事项进行核查。发现申请人做出不实承诺或未履行承诺的，将建设单位纳入环保失信单位，转由审批部门依法撤销审批决定，涉及违法违规的，依法依规进行处理。被依法撤销审批决定的环评文件，不再适用审批告知承诺制。

6.3　评估方法

◇政府部门访谈。与大连市环保局及相关企业的工作人员进行深度访谈，了解环境影响评价文件审批的创新内容，以及通过这项创新项目受益企业的切身感受。

◇比较分析法。将创新前后两种模式、操作方法及其优缺点进行比较，分析环境影响评价文件审批告知承诺制的创新性。

◇专家评价法。邀请政府部门、环境管理和企业管理等领域的专家，对"告知承诺制"的创新性进行打分评价。

6.4　创新性评估

创新亮点

环境影响评价文件审批告知承诺制的创新点主要体现在"专员对接，周到服务""首建环评中介服务平台""信息共享，节约成本""即报即批，立等立取"四个方面，如图6-1所示。

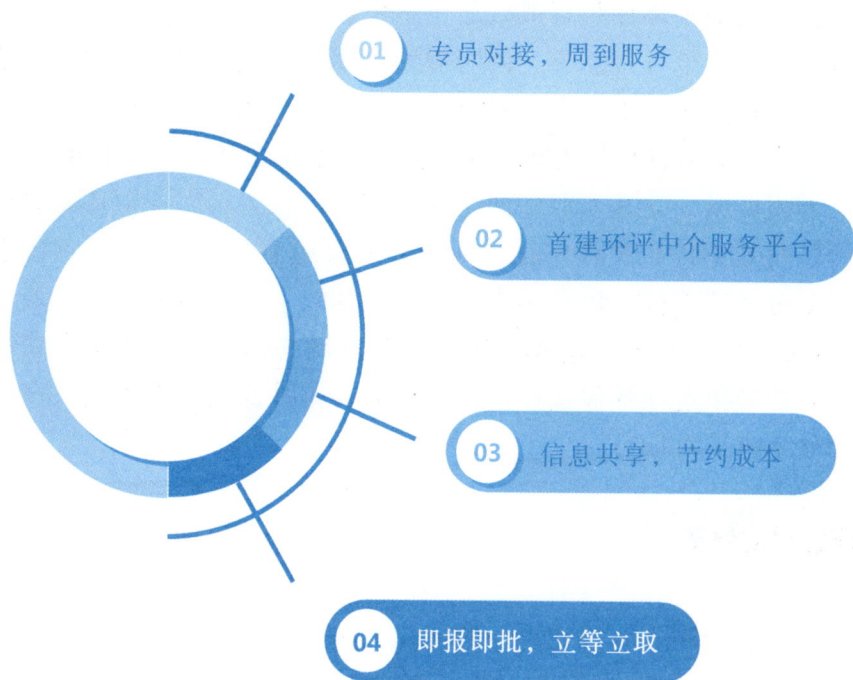

图6-1 创新亮点

专员对接，周到服务。设立专员与企业对接，一对一为企业提供保姆式服务，为企业答疑解惑，向企业宣传贯彻相关法律法规，指导建设单位提前开展环境影响评价工作，全程参与项目审批过程，协调推进项目审批工作，保证项目在开工建设前完成审批。以细致入微的服务，为企业破解入门难问题。

首建环评中介服务平台。大连市环保局各级窗口单位在窗口公开了环评机构查询方式，告知申请人环评机构选择途径，同时在市环保局官网率先建立了环评中介服务平台，公开环评机构的历史业绩、考核评分及环评报告退回情况，为企业自主选择提供参考，企业可根据实际需求选择优质环评机构。

信息共享，节约成本。创新性地推出了《大连市环保局区域评估工作细则》，指导全市区域评估工作开展，实现规划环评、区域评估与项目环评相关联。对完成规划环评或完成区域评估的区域内所包含的建设项目，简化相应环评内容和手续，为环评报告"瘦身"，新建项目可直接采用规划环评报告或区域评估中有效期内的监测数据。企业不需要再花费资金进行监测，同时规划环评及区域环评报告中已涵盖的内容可直接引用，不需要再另行评价，实现了环评报告编制内容的减量化，为企业节省高额成本，真正让企业在改革中获得了实惠。

即报即批，立等立取。此次改革配套出台了《大连市环保局建设项目环境影响评价文件审批告知承诺制实施意见》，在一定条件下取消了部分环节，极大提升了审批能力。如果一个区域完成了区域评估（或规划环评）且准入清单明晰，对于区域内需编制环评报告表的项目，企业做出遵守环保法律法规承诺后，审批部门立即批复，实现即报即批、立等可取。

前后对比维度

告知承诺制创新模式前后对比见表6-1。

表6-1　　　　　　告知承诺制创新模式前后对比

	模式创新前	模式创新后
模式	◇ 重审批、轻监管 ◇ 缺点：事前人工实质性审查，要件需要多次审核，流程繁琐，耗时长，正式投入生产慢	◇ 宽进严管，相互监督、相互制约 ◇ 事前形式化审查，要件只需一次性审核，流程简便，耗时短，可以快速投入生产
操作方法	◇ 需要申请-受理-审查-批准-送达-监管6个环节 ◇ 对环评报告书的审批时限为60个工作日，对环评报告表的审批时限是30个工作日，其中都包含了15天的公示期。 ◇ 缺点：耗时长，程序繁琐，审核效率低下	◇ 如果一个区域完成了区域评估且准入清单明晰，企业做出遵守环保法律法规承诺后，审批部门立即批复，实现即来即批、立等可取 ◇ 优点：对符合告知承诺的企业，环保部门会一次性告知其应提交的必备材料，企业在项目开工前，向环保部门提交符合规定的环评文件，承诺书及相关材料，环保部门会当场批准，大大节省了企业的时间

专家评价维度

针对四个创新亮点，运用专家评价法，以专员对接、周到服务；首建环评中介服务平台；信息共享，节约成本；即报即批，立等立取为指标，1–5的分值表示从非常不同意向非常同意依次渐进，请5位专家按照实际情况打分，取平均分为最终的专家评价分值。通过专家评价，四个创新点分别得4.5分、4.6分、4.4分、4.6分，创新性较高。

6.5 创新成效

2018年12月5日，大连瑞源动力股份有限公司到自贸区环保窗口咨询环评审批业务，了解到其锂电池正极材料改扩建项目符合环评告知承诺制条件后，第一时间申请，现已委托编制环评文件，待环评文件及承诺书报送环保窗口后，将当场拿到环评审批决定。

以往需要30个工作日才能取得的环保审批手续，实行告知承诺制后，企业可以当场拿到审批手续，最大限度地压缩了环评文件审批时间，为企业提供最大便利，真正地激发市场活力。

6.6 风险评估及防控措施

存在着企业不兑现承诺的风险，后续需要追究很久的风险。针对这一风险，可以通过利用激励和约束手段，加大对诚信主体的激励和对严重失信主体的惩戒力度，将失信单位列入黑名单，此后永不适用审批告知承诺制。同时加强环保部门与政府其他部门互通，让失信企业一处失信、处处受限。

6.7 复制推广评估

◇ 复制推广价值

告知承诺制改变了传统行政审批的单向权力支配关系，将行政审批部门和申请人的关系调整为合作和互动关系，审批部门不再高高在上，而是同项目申请人一样，成为平等的民事责任主体，这对政府转变职能是一种积极的尝试，具有很好的复制推广价值。

◇ **复制推广所需条件**

复制推广所需条件如图6-2所示。

图6-2　复制推广所需条件

建设"企业诚信平台"。诚信关乎企业的生命，为了做好"告知承诺制"工作，应建设"企业诚信平台"，及时记录不诚信企业相关信息，促进企业诚信经营，自觉履约。

建设"事中事后监管平台"。审批部门在审批工作完成后将审批材料、结果等信息推送至监管部门，完善了建设项目行政审批与事中事后监管的衔接，为监管部门实施事中事后监管提供全面的依据；监管部门及时获知并主动实施监管，对发现的项目违法违规行为依法严肃查处。

7 创新案例七：冰山集团混合所有制改革模式

7.1 案例概况

案例描述

　　大连冰山集团以混合所有制改革为突破，以大力发展智能制造、构建综合服务体系为核心，开创了"1+2"冰山改革模式（如图7-1所示），在逆势中实现质效双升，走出了一条独具特色的东北国有企业改革之路，是大连片区内企业积极落实老工业基地结构调整及推动国资国企改革任务的典型实例，对于东北老工业基地相似改革事项的企业具有指导借鉴意义。

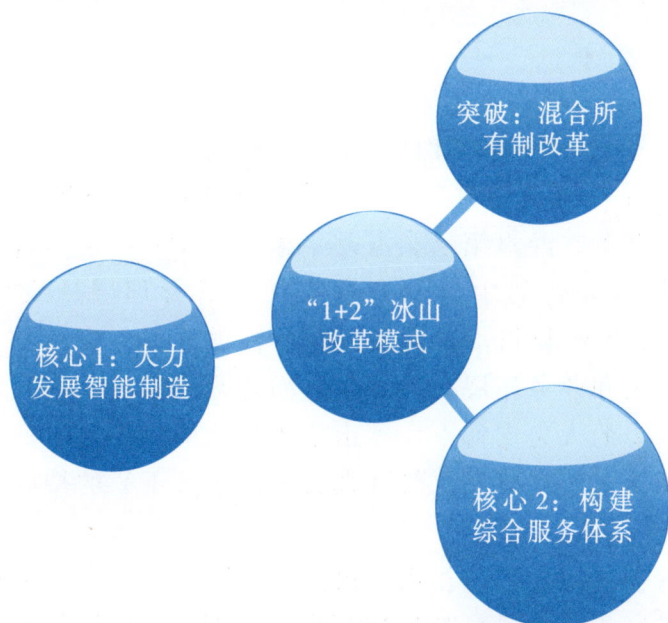

图7-1　一个突破，两个核心

创新亮点

冰山集团打造"1+2"改革模式创新亮点如图7-2所示。

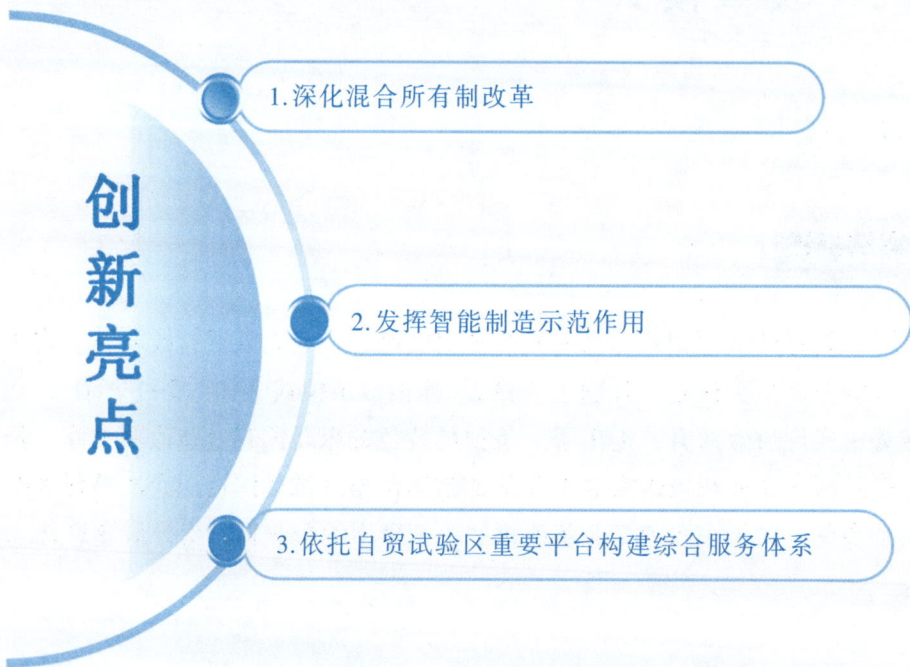

创新亮点

- 1.深化混合所有制改革
- 2.发挥智能制造示范作用
- 3.依托自贸试验区重要平台构建综合服务体系

图7-2　冰山集团打造"1+2"改革模式创新亮点

◇ 深化混合所有制改革。冰山集团在2008年率先启动第一次混合所有制改革，经过第一次混改，冰山集团由一家国有独资公司转变为股权多元化的中外合资企业，经营管理层持股比例达到10%，形成了事业和利益共同体，经营管理效率大幅提升。随着企业的发展壮大和业务拓展，许多新的问题开始显现。在大连市委市政府及国资委的大力支持下，冰山集团启动第二次混改，进一步扩大了经营团队（包括研发、管理人员和业务骨干）的持股范围和持股比例。

◇ 发挥智能制造示范作用。根据《中国（辽宁）自由贸易试验区总体方案》和《中国制造2025辽宁行动纲要》中制订的老工业基地产业转型升级要求，冰山集团借助整体搬迁至辽宁自贸试验区大连片区的机遇，紧扣辽宁自贸试验区功能定位，及时调整产业结构，加快工业化与信息化深度融合。一是依托智能制造改造传统产业，实现制造设备更新、设计制造软件升级和产品升级换代同步匹配，关键核心设备更新投资近3亿元，软件升级投资近5 000万元，增资扩建了国际领先的智能自动售货机的智能制造工厂。二是依托绿色制造，打造冷热装备的智能制造示范基地，打造绿色工厂，开展绿色制造。

◇ 依托自贸试验区重要平台构建综合服务体系。冰山集团推进供给侧结构性改革，加快商业模式转变，大力发展生产性服务业，全面优化和提升服务技术。冰山集团紧跟自贸试验区营商环境变化，不断创新冷热服务的商业模式：一是陆续通过资本关系整合资源，全资组建了冰山工程公司和冰山技术服务公司，依托互联网、云平台、大数据的智能服务网络，完善了冰山服务体系；二是利用搬迁后的老厂区，与南方设计院合资成立大连冰山慧谷有限公司，汇聚创新创业人才，发展工业设计等现代服务产业；三是凭借自由贸易区内融资租赁公司的优势，与东京盛世利株式会社合资成立华慧达融资租赁公司，开展融资租赁业务，为冰山集团各成员企业的客户提供灵活多样的融资服务；四是重点培育发展与物联网、大数据、互联网+紧密相关的高新技术企业，把冰山的冷热产品、工程和服务，通过互联网连成线、织成网，覆盖整个市场网络，构建互联网+时代的新型冷热服务体系。

简要效果

通过打造"1+2"改革模式，冰山集团激发了经营团队想干事、干成事的内生动力，实现了事业发展共担、事业成果共享；冷压缩机转子、壳体等核心零部件通过2台柔性加工单元和一条柔性生产线实现了柔性制造系统，48个工位不同型号的部件实现24小时无人值守，冰山主持或参与制定的国家和行业标准、集团有效专利数量激增；冰山慧谷已成为冰山集团创新创业的新引擎，集团 2017 年获得辽宁省第一批服务型制造示范企业，获得工信部首批服务型制造试点示范企业。

7.2　评估方法

◇ 企业深度访谈

与大连冰山集团经营管理层以及相关部门工作人员进行深度访谈，深入了解企业推出打造"1+2"改革模式的背景、目标、创新内容以及操作细则，从宏观层面了解改革效果，并从推动国有企业混合所有制改革的角度对创新措施的落地性进行评估。

◇ 对比分析法

将创新前后两种模式、操作方法及其优缺点进行比较，分析"打造 1+2 改革模式"的创新性。

◇ 专家评价法

邀请国有企业混合所有制改革领域的专家，对冰山集团打造"1+2"改革模式的创新性和推广难易度进行打分评价。

7.3　创新性评估

针对改革后的效果，对比原有集团做法，利用专家评价法，以是否是国内领先做法、对原有做法大程度改进、功能性增强、改变了原有流程、更好地满足混合所有制改革要求为指标，1-5 分的分值表示从非常不同意向非常同意依次渐进，请 5 位专家按照实际情况打分，取平均分为最终的专家评价分值，见表 7-1。

通过专家评价分值可见，"混合所有制改革"得 4.8 分、"智能制造示范"得 4.6 分，"综合服务体系"得 4.7 分，表明创新性高。该政策的推行进一步提高了企业的经营效率，有助于实现主体产业全面升级。与改革创新前相比，具有明显优势。

表7-1   冰山集团打造"1+2"改革模式制度创新前后对比

	创新前	创新后	专家评价
混合所有制改革	法人治理结构不完善、决策层和经营层不分，缺乏高效的动力机制和约束机制，体制机制障碍严重削弱了企业的发展活力	第一次混改，冰山集团由一家国有独资公司转变为股权多元化的中外合资企业，经营管理层持股比例达到10%，形成了事业和利益共同体，经营管理效率大幅提升；第二次混改，进一步扩大了经营团队（包括研发、管理人员和业务骨干）的持股范围和持股比例，形成了企业内部激励与约束的长效机制	4.8分
智能制造示范	工业化与信息化融合程度低，传统产业设备落后，过度依赖投资和规模扩张来维持增长，而不是依赖技术创新来促进增长，创新能力弱	借助整体搬迁至辽宁自贸试验区大连片区的机遇，紧扣辽宁自贸试验区功能定位，及时调整产业结构，加快工业化与信息化深度融合，首先依托智能制造改造传统产业，实现制造设备更新、设计制造软件升级和产品升级换代同步匹配；其次依托绿色制造，打造冷热装备的智能制造示范基地，打造绿色工厂，开展绿色制造	4.6分
综合服务体系	关注消费性服务业，对生产性服务业缺乏重视，服务体系单一，商业模式落后，提供综合解决方案的能力较弱，产品和服务的市场覆盖力不足	创新冷热服务的商业模式，实现从销售产品转变为提供服务，从产品供应商转变为综合解决方案提供商。首先通过资本关系整合资源；其次利用搬迁后的老厂区发展工业设计等现代服务产业；再次为冰山集团企业客户提供灵活多样的融资服务；最后构建互联网+时代的新型冷热服务体系	4.7分

7.4　创新成效评估

主要创新成就

◇ 形成了有效制衡的公司法人治理结构。混合所有制改革帮助冰山集团形成了有效制衡的公司法人治理结构，决策更加科学有效，管理更加规范透明，激发了经营团队想干事、干成事的内生动力，实现了事业发展共担、事业成果共享，并在改革过程中探索出一条可复制、可推广的"冰山经验"，具有良好的示范效应。

◇ 集团技术创新能力不断增强。智能化升级推动集团技术创新能力的不断增强，制冷压缩机转子、壳体等核心零部件通过2台柔性加工单元和一条柔性生产线实现了柔性制造系统，48个工位不同型号的部件实现24小时无人值守。目前，冰山主持或参与制定的国家和行业标准达到73项，集团有效专利累计662项，每年新增专利约160项，同时市场的影响力逐步扩大，集团新产品的销售收入增长25%以上。

◇ 综合服务体系发展取得突破式进展。冰山慧谷已成为冰山集团创新创业的新引擎，是大连市工业文明传承发展的新平台、也是辽宁省存量空间利用的新典范。冰山集团2017年获得辽宁省第一批服务型制造示范企业、工信部首批服务型制造试点示范企业等荣誉称号。2017年全集团实现营业收入120.3亿元，同比增长8.1%；实现利润总额7.5亿元，同比增长12%；纳税7.4亿元，经营性现金净流量达到5.2亿元。

冰山集团打造"1+2"改革模式主要创新成效如图7-3所示。

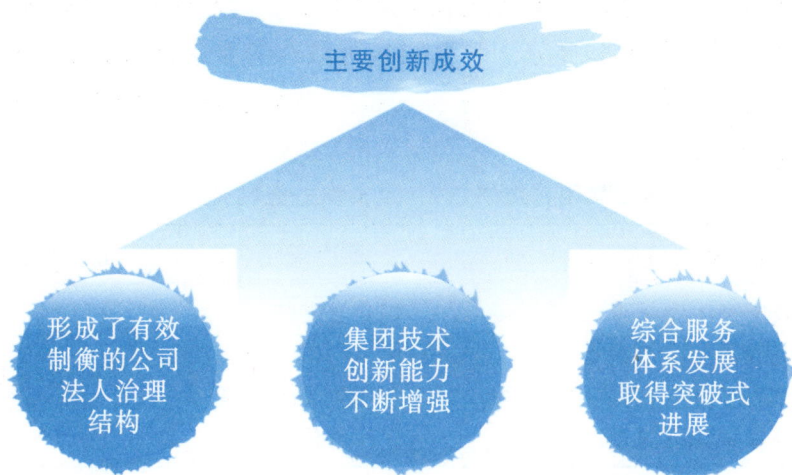

图7-3　冰山集团打造"1+2"改革模式主要创新成效

7.5　风险评估及防控措施

大连冰山集团打造"1+2"改革模式，目前发现的风险是为客户提供融资租赁过程中存在客户的违约风险。针对这一风险，可采取的措施包括客户信审，担保人信审，提供抵押担保，与经销商分担风险等。

7.6　复制推广评估

◇ 复制推广价值

冰山集团通过打造"1+2"改革模式形成了企业内部激励与约束的长效机制，有利于激发国有企业活力；同时推动实现主体产业全面升级，提高企业的创新能力，加快企业的商业模式转变，全面优化和提升了企业的服务技术，有利于提升企业竞争力，加快积极落实老工业基地结构调整及推动国资国企改革，具有较大的推广价值。

◇ 复制推广所需条件

冰山集团打造"1+2"改革模式作为推动国有企业混合所有制改革的一项重要创新举措，示范力和辐射力较强。为评价其推广难易度，仍利用专家评价法，以推广价值、实施壁垒、推广条件的可获得性为指标，1-5的分值表示从非常不同意向非常同意依次渐进，请5位专家按照实际情况打分，取平均分为最终的专家评价分值，得分越高表示越容易推广。经专家评价，推广难易度得分为4.7，为较易推广，见表7-2。

表7-2   冰山集团打造"1+2"改革模式复制推广评估

推广价值	推广条件	推广难易度
◇ 迸发国有企业活力 ◇ 提升集团技术创新能力 ◇ 加快落实老工业基地结构调整及推动国资国企改革	◇ 前期资金支持 ◇ 对集团科研人员技术和综合素质要求较高 ◇ 依托信息化平台	4.7分（较易推广）

8 创新案例八：公共资源交易服务平台破解中小微企业融资难题

8.1 案例概况

案例描述

为了规范公共资源交易过程，提高资源配置效率，国务院办公厅下发通知（国办发〔2015〕63号），要求在全国建立统一的公共资源交易平台。国家发展改革委会同工业和信息化部、财政部、国土资源部（现更名为自然资源部）、环境保护部（现更名为生态环境部）、住房和城乡建设部、交通运输部、水利部、商务部、卫生计生委、国资委、税务总局、林业局、国管局14个部门联合颁布《公共资源交易平台管理暂行办法》，对平台运行、管理和监督做了全面的制度规范。各省市都建成了以工程招标、政府采购、土地交易、产权转让四大板块为核心的公共资源交易平台，实现公共资源交易的全流程电子化。但是，进入公共资源交易平台的中小微企业在投标或中标履约时常常面临资金短缺的问题。为了解决中小微企业的融资难题，大连市营商环境建设局利用公共资源交易平台汇集大量投标数据、对接政府各部门的优势，依托公共资源交易平台搭建融资服务平台，解决中小微企业融资难、融资慢、融资贵的问题，并于2017年11月获得了国家自主知识产权。

主要做法

为平台企业授信。融资服务平台启动了红榜激励机制，由合作金融机构为平台上中标及履约信用良好的企业优先进行上限为100万元的授信，授信所需数据均由融资服务平台向授信银行推送，首批完成约1 000家企业的授信。

设计人性化导航。为给企业提供便利的操作体验，融资服务平台设计了人性化导航服务，企业在公共资源交易平台可勾选所参与项目，根据自身需要选择融资服务类型，如投标贷、中标贷、交易贷等。

完成在线快速融资。公共资源交易平台上的企业可自主选取金融机构，在金融机构操作系统界面按提示完成申请；平台在企业授权下将所选金融机构必需的企业资料以数据形式打包，通过接口方式传输给金融机构；金融机构在线完成审核并在最短时间内向企业提供融资服务。

公共资源交易服务平台为中小企业融资主要做法如图8-1所示。

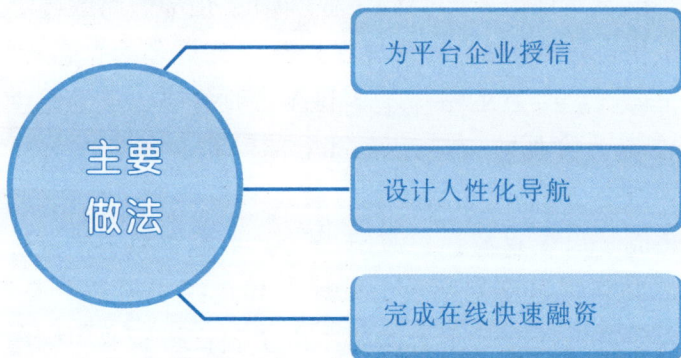

图8-1　公共资源交易服务平台为中小企业融资的主要做法

创新亮点

◇ 降低成本。公共资源融资服务平台用电子保函的形式替代了投标保证金，与传统的保函业务相比，投标电子保函无须占用企业资金，具有线上快捷办理、方便查验真伪、全程电子留痕的特点，充分释放了企业投标沉淀的资金，有效降低了企业交易成本。

◇ 提高效率。融资服务平台通过为企业和金融机构提供数据服务，实现了企业快速申请，平台快速服务，金融机构快速审核，免除了企业四处奔波，让企业在最短的时间获得融资。

◇降低风险。企业数据全程在线保密传输，杜绝人工参与，有效保障了数据的可靠性和真实性。通过向金融机构提供企业的中标合同备案情况和结算账户监管等措施，降低了金融机构信贷风险。交易平台接收的保函由纸质变为电子，既免除了核验电子保函真伪的环节，也消除了接收假保函的风险。

公共资源交易服务平台为中小企业融资创新亮点如图8-2所示。

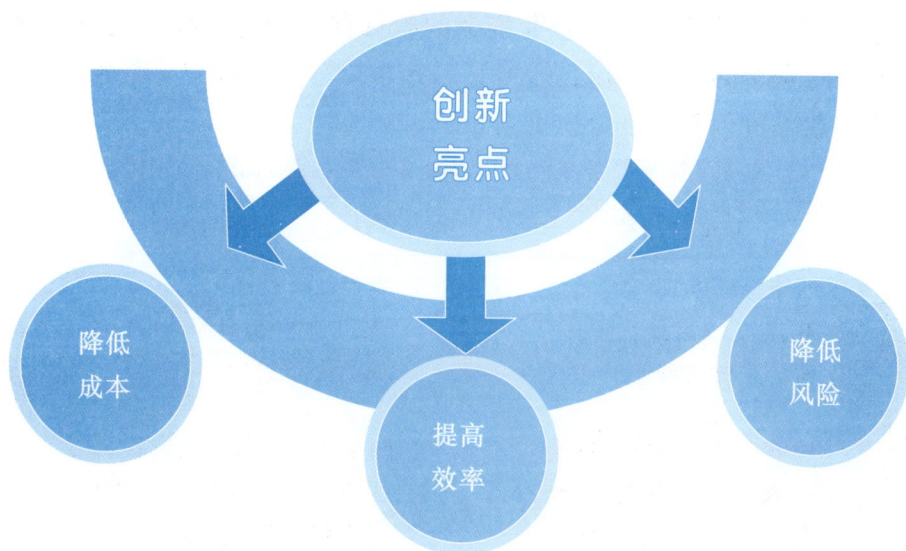

图8-2　公共资源交易服务平台为中小企业融资创新亮点

8.2　评估方法

◇比较分析法。将公共资源交易服务平台为中小企业提供融资创新前后方式进行比较，通过两种模式、具体做法优缺点比较，评价公共资源交易平台提供融资服务的创新性。

◇专家打分法。对各创新分项进行专家打分，通过加权平均法计算总分，分项和总分均以5分为满分。

8.3　创新性评估

前后对比维度

　　为解决广大投标企业的融资难题，助力全市营商环境建设，大连市营商环境建设局运用"互联网+公共资源交易+融资服务"模式理念和大数据手段，依托市公共资源交易平台搭建了融资服务平台，把原来办理手续繁琐、占用企业资金的投标保证金变为线上快捷办理、无须冻结资金的电子保函，取得显著效果。公共资源交易服务平台为中小企业融资创新前后对比见表8-1。

表8-1公共资源交易服务平台为中小企业融资制度创新前后对比

	制度创新前	制度创新后
模式	◇ 线下融资模式 ◇ 缺点：门槛高、程序多、审核慢，手续繁琐	◇ 线上融资模式 ◇ 优点：门槛低、程序少、审核快，办理快捷
主要做法	◇ 线下申请审核发放贷款 ◇ 缺点：融资审批时间较长，一般需要15~30个工作日	◇ 线上申请审核发放贷款 ◇ 优点：融资审核时间较短，一般只需要3~7个工作日

专家评价维度

　　公共资源交易融资服务平台是大连营商环境建设局为了破解中小微企业融资难、融资贵的问题而出台的制度创新措施，降低了企业成本，提高了金融服务效率。专家对该案例制度突破性分项打分4.95分，降低企业成本分项打分4.91分，提高金融服务效率分项打分4.90分，降低风险分项打分4.88分，提升营商环境打分4.85分，创新综合评价得分4.90分，如图8-3所示，公共资源交易服务平台破解中小微企业融资难题创新性突出。

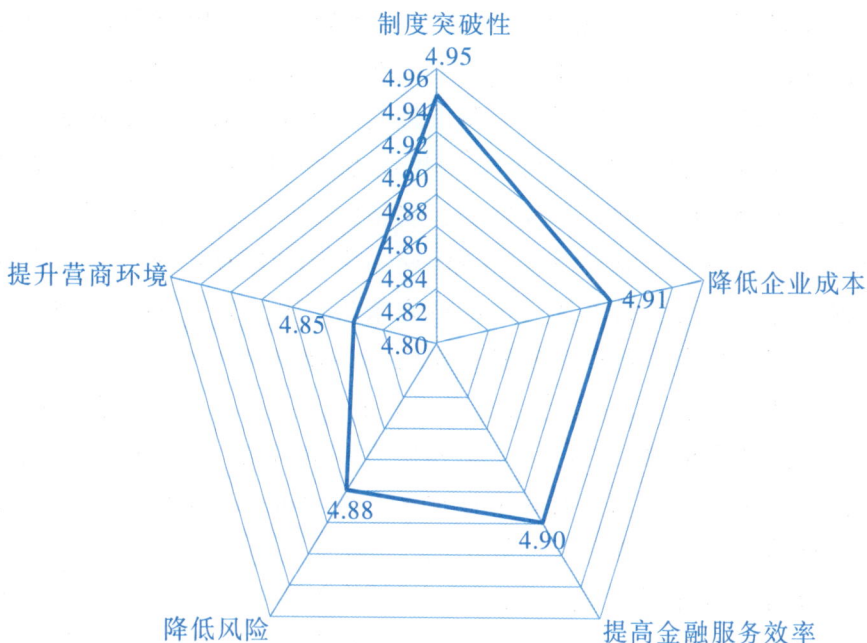

图8-3 公共资源交易融资服务平台专家打分评估

8.4 创新成就评估

主要创新成就

公共资源融资服务平台想企业之所想、急企业之所急，得到金融机构和中小微投标企业的积极响应。目前，该平台已经对接30余家总部级金融机构。中标贷业务自2017年7月上线运行以来，服务中小微企业1 000余家，实现融资授信10亿多元。2018年7月至今完成投标电子保函业务量达10亿多元，日均向企业释放资金1.7亿元，破解了制约中小微企业发展的资金瓶颈。

◇ 大幅降低制度性交易成本。通过公共资源交易服务平台融资的企业，无须像过去那样"自己证明自己"，而是由平台根据企业授权、按照其所选金融机构的数据需求自动完成数据采集和推送。目前，大连市公共资源交易平台除人民银行管理的开户许可证和贷款卡，公安部门管理的法定代表人或实际控制人及配偶身份证、户口本，民政部门管理的结婚证数据需要企业自行办理外，其余数据均实现了平台推送，大幅降低了企业制度性交易成本，激发了企业活力。

◇ 推进融资服务制度创新。公共资源交易服务平台叠加融资功能，革新了金融机构贷款审验模式，将传统的线下慢速审验变为线上快速审验。金融机构经过对公共资源交易平台的数据源进行检验，认定数据的有效性高于其工作人员的调查报告。基于此，部分金融机构已由人工核验改为平台自动核验，实现"秒贷"。

◇ 促进社会信用体系建设。金融机构以信用评价等级为依据办理贷款，使企业重视信用数据，格外珍惜自身信用。企业的信用数据能够在平台实时更新，只要有不良记录，就会被清除出公共资源交易平台，有助于培育企业建立良好信用。

◇ 提升大连整体营商环境。公共资源交易服务平台推出融资服务功能的创新举措解决了中小微企业融资难、融资贵、融资慢的顽疾，极大地改善了中小微企业的经营环境，提升了大连的整体营商环境。

8.5   复制推广评估

◇ 复制推广价值

公共资源交易服务平台为中小微企业找到了顺畅的融资通道，解决了中小微企业的融资难题，通过公共资源交易服务平台采集和推送数据，极大地提高了融资服务效率，降低了金融机构贷款风险，该创新案例具有较大复制推广价值。2018年4月，大连公共资源交易融资服务平台参加了首届"数字中国"建设峰会，作为优秀电子政务成果受到全国瞩目。国家发展改革委已将融资服务平台列为推广项目，并将该做法上报中办、国办和中财办，全国已有50多家公共资源交易平台主动申请共享融资服务平台，现已基本完成昆明、福州、丽水、包头等城市的测试。

◇ **复制推广所需条件**

公共资源交易服务平台提供融资服务，可向全国各省市复制推广。复制推广所需条件有两个，一是复制推广省市必须首先建设好公共资源交易服务平台；二是该平台纵向要与国家交易平台对接，市级平台还要与省级交易平台对接，同时对接建设、财政、交通、港口等监管职能部门，汇集大量投标企业的权威数据。

9 创新案例九：保税混油、离岸直供

9.1 案例概况

案例描述

"保税混油、离岸直供"是指保税燃料油经营和生产企业根据市场需要及产品标准，将不同组份保税原料油按照测算比例在油罐中进行搅拌混合，生成符合燃料油使用标准的产品，并供应给国际航行船舶的业务。"保税混油"涉及的原材料和产品均非危险化学品（闪点均高于$60℃$），混合过程属物理调和，不发生化学变化。

大连港作为东北亚国际航运中心的重要枢纽，功能较为齐全，承担着我国能源海上运输的重任。大连海关以制度创新为抓手，成功进行"保税混矿"制度创新，并被国务院作为改革创新成果在全国推广。之后，大连海关积极进行"保税混油、离岸直供"模式探索，打通了由原材料进口到成品燃油供船的链条业务流程，实现了保税混油对接"先供船后报关""一船多供""一船多能""跨关区直供"等多种形式的船用保税燃料、物料供应监管模式。与此同时，中石化在大连保税区管委会、大连海关的指导下，基于保税油华北区域中心架构的建立以及着力建设保税燃料油供应基地的战略目标，积极推进"保税混油"业务各项准备工作，最终实现"保税混油、离岸直供"在辽宁自贸试验区大连片区落地实施。

主要做法

大连海关对此项工作高度重视，海关领导亲自部署，成立"保税混油、离岸直供"专项业务改革工作组，积极推动专项改革的落地实施。

◇ 以需求为导向确立改革方向。大连海关专项业务改革工作组通过现场调研，了解到中石化浙江舟山石油有限公司大连分公司"保税混油"业务的具体需求是：在国际市场大规模采购适于混合的原料组分油，进入保税仓库监管，然后依据各种组分油的物理特性，将不同原料组分油按比例做纯物理混合，达到 ISO 标准要求的 120CST、180CST、380CST、500CST 等船用燃料油，从而实现规模采购，降低成本，增加供油品种，提高供油基地的服务能力。大连海关据此确立了"保税混油、离岸直供"创新探索方向。

◇ 进行合规论证探索监管制度。大连海关对"保税混油、离岸直供"业务的可行性、合规性、安全性进行充分论证，在风险可控的前提下大胆试、大胆闯，在全国率先推出"保税混油"业务。专项业务改革工作组还积极与海关总署相关司局进行沟通，争取总署职能部门的政策支持和业务指导，探索建立了"保税混油"这一全国首例新兴业态的海关监管制度，做到保税燃料油业务拓展到哪里，海关监管服务就延伸到哪里。

◇ 开展政策研究确定操作规程。为了确保"保税混油、离岸直供"业务的顺利实施，大连海关坚持依法依规创新，明确了"保税混油、离岸直供"业务的政策依据和法律法规，确定了"保税混油、离岸直供"业务所涉及货物的通关流程，制定了详细的《大连海关"保税混油、离岸直供"业务操作规程》，并指定专门部门指导企业办理各项通关业务。

"保税混油、离岸直供"业务的主要做法如图 9-1 所示。

主要做法

以需求为导向确立改革方向

进行合规论证探索监管制度

开展政策研究确定操作规程

图 9-1 "保税混油、离岸直供"业务的主要做法

创新亮点

◇ 实现"保税混油"零的突破。中石化大连分公司在大连港开展的"保税混油、离岸直供"业务，打破了对新加坡船用油品调合集散地的依赖，也打破了新加坡对船用燃油的价格垄断，在保税状态下实现船用燃油调合零的突破。

◇ 大幅降低船用燃油成本。保税燃油混合可以大幅降低船用燃料油的采购成本，企业可以根据原料市场价格和燃料油价格差异，进一步降低保税燃料油价格成本，大大提升了大连保税船用燃料油市场的国际竞争力。

◇ 推进东北亚国际航运中心建设。中石化通过加大投资力度，致力于在大连建设国际一流的海上综合补给基地，可缩小与新加坡、釜山等世界先进港口的海上补给能力的差距，为大连东北亚国际航运中心建设注入新的动力。

"保税混油、离岸直供"业务创新亮点如图9-2所示。

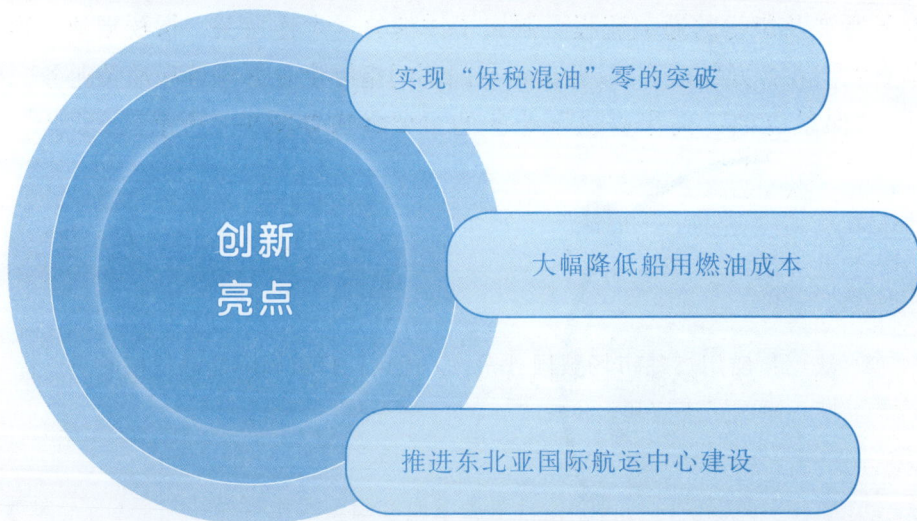

图9-2　"保税混油、离岸直供"业务创新亮点

9.2 评估方法

◇ 比较分析法。将"保税混油、离岸直供"制度创新措施实施前后进行比较，通过两种模式、具体做法优缺点比较，评价"保税混油、离岸直供"的创新性。

◇ 专家打分法。对各创新分项进行专家打分，通过加权平均法计算总分，分项和总分均以5分为满分。

9.3 创新性评估

前后对比维度

大连特色的"保税混油"模式打破了长期以来船用燃油市场被国外垄断的不利局面，大幅降低船用燃油的供应成本，对推进东北亚国际航运中心建设具有重大战略意义。通过对制度创新前后的比较分析，见表9-1，"保税混油、离岸直供"创新性非常突出。

表9-1 **"保税混油、离岸直供"创新前后对比**

	制度创新前	制度创新后
模式	◇ 国外配比混油、进口到国内 ◇ 缺点：成本较高、品种单一、燃油过分依赖国外市场	◇ 大连港保税混油、离岸直供 ◇ 优点：成本低、品种多，满足环渤海区域的市场需求
主要做法	◇ 国外配出所需品种 ◇ 缺点：船用燃油市场被国外垄断，没有话语权和定价权	◇ 大规模采购，大连港配出所需品种 ◇ 优点：打破国际能源领域的国外价格垄断

专家评价维度

"保税混油、离岸直供"业务是辽宁自贸试验区大连片区内"大胆试、大胆闯、自主改"的成功范例，该项业务提高了我国能源的自给率，以较低成本满足了大连及环渤海地区船用燃油市场需求。专家对该案例制度突破性分项打分4.97分，降低成本分项打分4.92分，提高能源自给率分项打分4.90分，提高国际竞争力分项打分4.85分，强化港口功能分项打分4.86分，创新综合评价得分4.90分，如图9-3所示，"保税混油、离岸直供"创新优势突出。

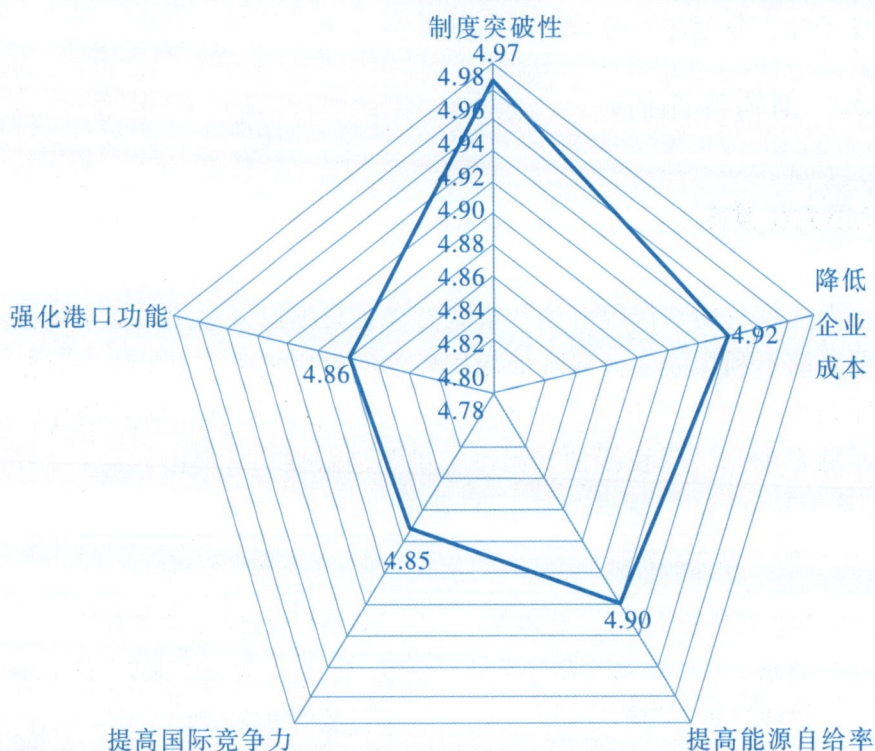

图9-3　"保税混油、离岸直供"创新措施专家打分评估

9.4　创新成效评估

主要创新成效

◇ 打破船用燃油调合国际垄断。保税油品混合业务的开展打破了长期以来新加坡对燃油调合的垄断地位，提高了我国在国际能源领

域的话语权和定价权，使我国在同日韩船舶燃油竞争中保持优势，使船用燃料油混合发展为新兴业态。

◇ 将产生巨大的经济效益。中石化大连分公司计划建成年产300万吨的保税燃料油调合基地，承接全球优势组分资源，面向亚太市场，重点满足国内需求，实现环渤海区域内150万吨的燃油需求的自给自足，构建起对俄罗斯、日本、韩国等国的辐射优势，经济效益前景可期。

◇ 符合国家能源安全战略。我国对能源安全高度重视，"国货国运"、建设"21世纪海上丝绸之路"等重大部署都有对能源安全的考量，对能源安全也提出更高要求。"保税混油、离岸直供"业务有利于提高能源自给率，保障国家能源安全。

◇ 改变世界船用油供应格局。按国际海事组织IMO的要求，从2020年1月1日起全球将强制使用含硫量低于0.5%的燃油。开展油品混合业务，可以抓住机遇，实现弯道超车，跻身船用油供油大国之列，改变世界船用油供应格局。

9.5　复制推广评估

◇ 复制推广价值

"保税混油、离岸直供"业务打破了船用燃油调合的国际垄断，大幅降低了船舶企业的成本，提高其效率。同时，"保税混油、离岸直供"业务不仅满足环渤海的市场需求，还将辐射日本、韩国、俄罗斯等东北亚国家，具有较大的复制推广价值。

◇ 复制推广所需条件

"保税混油、离岸直供"可向有条件的港口推广，复制推广所需条件有两个：一是复制推广省市必须要有港口，能够进行国际原油的海上运输；二是港口能够进行原油的装卸、分拨、混合，具有建设供油基地的基础设施条件。

10 创新案例十：政银平台对接

10.1 案例概况

案例描述

为积极响应《国务院办公厅关于进一步压缩企业开办时间的意见》（国办发〔2018〕32号）和《辽宁省人民政府办公厅关于进一步压缩企业开办时间的实施意见》（辽政办发〔2018〕44号）精神，打造法治化、国际化、便利化的营商环境，激发投资者创业热情，提升企业开办便利的要求，2019年4月10日，在中国人民银行大连市中心支行、金州新区中心支行的大力支持下，大连保税区协同办公系统与上海浦东发展银行股份有限公司大连分行客户服务系统正式实现数据共享与交换，进行平台对接，如图10-1所示。

图 10-1 政银平台对接

作为全国首家开启的"政银一体化"平台，将政府数据与银行数据有机整合，是以企业的"一件事"为导向的审批模式运行的关键环节。它将政府平台与银行平台互联互通，实行"一窗受理，并行办理"，打造"互联网＋"条件下新的服务模式。有利于激发企业活力和发展动力，有助于优服务、稳增长、促转型。这也标志着辽宁自贸试验区大连片区"放管服"改革正向深层次推进。

主要做法

政银平台对接顾名思义就是政府平台与银行平台的互联互通。浦发银行大连分行通过API技术，提供一站式开户服务，将原来需要多个步骤才能完成的信息传送工作缩减为一步。当投资者在中国（辽宁）自由贸易试验区大连片区进行企业设立并办理相关工商手续时，通过"政银一体化"平台"一口受理"，可直接在政务服务平台上选择"银行开户"业务，在综合窗口选择具体银行网点，协同办公系统将企业信息即时同步到银行系统中。企业无须重复填写相关信息，实现了工商登记及企业开户流程简化，及企业开办"一网通办"等便民服务目标，提高了企业办事效率。

同时，企业开立人民币基本账户所需材料将由政府平台直接传送到企业选定的开户行，银行系统在收到上述信息后能够自动生成相关开户表单和预开户账号。商业银行可即刻安排业务专员主动与企业联系，帮助企业快速完成企业开办相关的银行开户、缴税登记、发票申领等各类业务，并可提供上门服务，如图10-2所示。

图10-2 "政银一体化"工作流程简图

创新亮点

政银平台对接创新亮点如图10-3所示。

图 10-3　创新亮点

1.国内首家实现政府的政务服务平台和商业银行的客户服务平台对接。政银对接简化了企业开户流程，让更多办事群众享受到网上办事的便利。一体化平台实现了银企之间基础信息共享、业务协同和基于电子营业执照的企业身份确认。通过大厅的协同办公平台，可以明确收件标准，企业设立时遇到的问题都能得到明确详细的解答，企业客户免填单、柜员免录入，避免了企业重复登记、重复提交材料，大大简化了开户办理流程，有效提升企业开办的便利度。进一步优化市场准入环境，激发民间企业创造活力。

2.国内首次在商业银行平台外提交银行开户材料。以往企业开基本账户或者是一般账户时，需要先到工商行政管理局、税务局、质量技术监督局等政府职能部门办理变更手续，之后拿着材料的原件及复印件、经办人的身份证和复印件、法人的身份证和复印件到中国人民银行当地分支机构办理银行开户许可证。政银平台对接减少了企业来回奔波和时间成本，提高了效率。

3.通过政务服务平台上传的企业开户材料由政府担保其真实性。

充分发挥主管部门桥梁和纽带作用，建立长效机制，强化了中心内部监督机制，方便银行查验客户资金账户开户资料的真实性、有效性、完整性及一致性。减少金融风险的同时便于中小微企业的设立与发展，对稳增长、调结构、惠民生具有重要的战略意义。

4.深度融合，实行电子交易。实现由"人跑路"向"数据跑路"转变，由传统纸质档案向电子数据档案和全过程电子数据"留痕"转变，网上操作更快捷、更安全，保密性更强。下一步，可考虑全流程操作网络化、电子资料流转智能化以及项目资料归档电子化，并有效利用登记数据，扩大政银合作成果。对涉企政策的贯彻落实提供更为快捷、高效的渠道，为进一步推动民营经济发展奠定坚实基础。

5.对接成果跟踪考核。大连保税区及时统计对接活动成果，形成文字材料报送市地方金融监督管理局。分区域、分金融机构进行跟踪检查，定期将对接情况上报市委、市政府，保障金融安全。企业主管部门和中国银行各分支机构建立合作机制，强化信息共享和政策协同，发挥商业银行"中小企业服务平台"的作用，创新金融支持方式，改善金融服务。

简要效果

1.以往企业拿到执照并拿到印章以后方能到银行预约，预约至少2~3个工作日再到银行办理相关手续。通过政银平台对接，办理公司设立登记业务，可通过移动端使用大连片区综合服务协同办公系统开户，商业银行与客户取得联系，确认客户开户意愿，并对开户时需材料及相关要求进行说明提醒，快速生成银行账号。通过移动端可以查询取大连市所有联通的商业银行网点，办理人可以就近选择银行网点办理，极大地方便了企业，整个流程节省了3~5个工作日。

2.不通过政银平台对接系统，企业法定代表人或经办人员需要往返银行网点或自贸大厅多次；而通过政银平台对接系统，法定代表人可只去一次自贸大厅，银行方面不需要法定代表人到场也可以为其办理后续业务。工商设立材料受理之后，银行客服及时与经办人取得联系，对开户所需的材料和注意事项提前告知，避免了因为材料不齐无法开户的情况。而且客户信息已经提前传给银行，审核验证流程可提前完成，进一步缩短了开户时间。

后续思路

加强政银交流合作。目前，建设银行、工商银行、大连银行等商业银行正在人民银行金州新区中心支行的支持下，稳步推进商业银行客户服务系统和大连片区综合服务大厅协同办公系统的对接工作，争取年内平台对接数量达到5家以上。根据实际需要，还可邀请辖区内外其他金融机构参与对接。

进一步推动搭建"政银企"三方对接平台，有效解决企业设立与发展中面临的突出困难和问题。按照形式多样、内容丰富的要求，搭建形式多样的对接平台，组织银企对接活动。对接活动包括综合性对接以及分行业、分类型专题对接。例如组织"外贸企业政银企对接活动"，在调查摸底基础上，组织对确有融资需求的外贸企业，邀请进出口银行、中国出口信用保险公司等政策性金融机构及专业银行参与对接；或针对产业需求，制定适合行业特点的政策与企业和商会进行银企对接，通过主管部门或行业协会组织多层次的产业集群、中小企业、个体工商户专项政银企对接、商贸旅游专项政银企对接等。具体方案，由金融监督管理局、商务局等相关部门制定。

评估方法

10.2　创新性评估

全国首家"政银一网通"平台在大连保税区开通运行，改造为"一次提交、同步办理、信息共享、限时办结"的流程，精简文书表格材料。截至2018年5月9日，利用"政银一网通平台"选择浦发银行开户的企业达75家，占开户总数的52%。一体化平台以其带来的方便快捷的服务深受企业办事人员欢迎，起到了较好的创新引领示范和服务作用。"政银平台对接"制度创新前后对比见表10-1。

表10-1　　　"政银平台对接"制度创新前后对比

	制度创新前	制度创新后
模式	企业拿到执照、印章以后方能到银行预约开户 缺点：企业重复登记、重复提交材料，工作反复，效率低下	政银平台对接系统，简化企业开户流程 优点：进一步压缩企业开办时间，减少"政企银"多方的工作量
操作方法	政银分开办理，信息不通畅造成流程材料问题无法开户 缺点：企业多次往返银行网点与自贸大厅，审批环节出现反复，效率低下，开户困难； 企业前期资金、资源搁置浪费，成本风险压力增大	"放管服"改革，政银平台对接"一口受理"，一站式服务 优点：提高效率、服务企业； 电子化流程快速便捷； 商业银行客户服务系统从源头避免了申请人材料不足或流程错误，同时也方便企业取得后续各项手续

10.3　风险评估及防控措施

◇ 归责风险及防控措施

需要中国人民银行、政务办公系统和商业银行共同协作完成归责风险及防控。"政银平台对接"制度在给企业注册登记带来极大便利的同时，各方需仔细斟酌哪些审批和材料步骤不可省略，以防止流程反复，反而降低效率。同时要加强企业原始材料真实性的审核，注意金融风险防控。

10.4　复制推广评估

◇ 复制推广价值

大连市保税区在坚决执行国家制度改革大原则的前提下，创新思路、主动作为。不照本宣科，而是从企业的角度考虑问题，以企业的"一件事"为导向的审批模式，真正把心放在为企业服务上。鼓励大众创业，激发企业活力，提高企业的市场竞争力，为新一轮东北振兴和辽宁自贸试验区建设贡献力量。

　　◇ **复制推广所需条件**

　　复制推广包括品类推广和地域推广。品类推广条件较为宽泛，政府财政系统等亦可与商业银行互联互通，便于企业解决缴税、贷款等财政金融问题。同理，其他各项政务系统均可在一定程度上联通其他平台，利用"大数据"提高各方工作效率。地域推广的前提是具有跨部门的政务服务平台。需要当地政府工信局、商务局、工商联等部门与商业银行通力合作，协同推进，仔细斟酌相关条例。同时需要获得许可文件和相关政策支持，并对"放管服"政策的把握度和操作的规范性上有一定要求。

11 创新案例十一：仓储货物按状态分类监管

11.1 案例概况

案例描述

"仓储货物按状态分类监管"业务是海关监管改革的重点任务之一，在自贸试验区海关特殊监管区域内开展"仓储货物按状态分类监管"能够为采购企业提供多元采购渠道，帮助采购企业降低采购成本，也能够为国内去产能提供新渠道。自海关总署2016年第72号公告发布以来，大窑湾海关对"仓储货物按状态分类监管"制度高度重视，将其作为2018年度重点工作，以"科技+制度"为抓手、以企业为单元，推进库区分类管理、完善全程跟踪制度，为2家试点企业办理进出区业务462票，货重10 569吨，货值2.6亿元人民币，为企业节省开支100多万元人民币，基本完成了企业需求与业务改造、业务需求与系统支持的前期试验准备工作，为复制推广提供了试点支撑。

主要做法

◇以"科技+制度"为抓手，强化信息化管理。及时沟通职能部门和技术处，在特殊区域辅助系统中开设非保货物模块；督促企业改造仓储管理系统（WMS），实现与特区系统联网，并实时报送能够满足海关监管要求的相关数据；加强视频监控，实现企业视频监控系统与海关监控中心联网。

◇以企业为单元，在特区系统建立非保货物专用账册。

◇ 推动库区分类管理，设立存放非保税仓储货物专用仓库，建立符合海关监管要求的库位标识及货物标识。

◇ 实现专人负责全程跟踪，设立了专人专岗对"分类监管"业务进行日常管理，建立联系热线，以备及时解决业务开展初期存在的问题。

创新亮点

2018年已开展"分类监管"业务的2家企业，办理进出区业务462票，货重10 569吨，货值2.6亿元人民币，节省开支100多万元人民币。

大窑湾海关重视企业需求与业务改造、业务需求与系统支持的前期试验准备工作，持续关注业务进展情况，加强内部的监管协同优化，积极与大连海关自贸处、企业管理和稽查处、技术处及地方政府保持密切联系，随时解决"分类监管"业务开展过程中遇到的难题；同时积极做好政策宣传，争取让更多的有意愿企业参与进来。

2019年又有2家企业申请开展"分类监管"业务，目前已经初步实现企业系统优化与海关系统对接、视频监控联网和初步运行调试。

11.2　评估方法

◇ 深度访谈法。为了深入了解创新案例的发生、发展，主要内容和具体做法，与大连海关相关工作人员进行案例材料沟通与深度访谈。

◇ 问卷调查法。向"仓储货物按状态分类监管"业务关键环节涉及的大连明丰国际物流有限公司和大连鸿海澜天国际物流有限公司的工作人员和管理者发放问卷，从企业的角度出发，研究"仓储货物按状态分类监管"业务的关键环节和关键作用。

◇ 比较分析法。一是将传统业务和创新业务相比较，分析"仓储货物按状态分类监管"业务的创新性；二是将海关提供的材料、访谈资料和来自不同层面的企业访谈材料相比较，分析监管主体和被监管主体对"仓储货物按状态分类监管"业务关键环节和关键作用的共性和个性问题，分析"仓储货物按状态分类监管"业务创新的置信度和改进空间。

11.3 创新性评估

前后对比维度

传统仓储货物监管模式与仓储货物按状态分类监管模式的对比分析如图11-1所示。可以看出，传统仓储货物监管模式不准许企业将非保税货物带入海关特殊监管区域储存，但由于现代商贸服务的定位是对以企业为单位的甲方的需求提供综合服务，一些专用设备和特殊商品，需要从不同的货源地采购。允许非保税货物进入海关特殊监管区域进行集拼和分拨，能够为企业提供在境内采购与境外采购货物集拼的可操作性，促进自贸区更好地对接境内和境外两个市场。企业可以根据业务的实际需求进行综合采购，降低采购成本，为货物需求（甲）方提供更多元的商品搭配选择，并以此为契机，建立国际物流配送中心。从采购企业方面综合考察，仓储货物按状态分类监管模式既能够为企业采购提供多元渠道，降低采购成本，又能够为境内商品走出去提供更广阔的采购渠道，对国内去产能有显著效果。

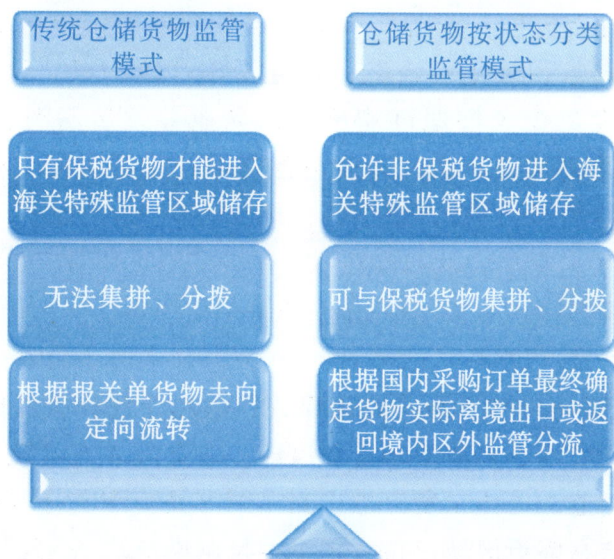

传统仓储货物监管模式	仓储货物按状态分类监管模式
只有保税货物才能进入海关特殊监管区域储存	允许非保税货物进入海关特殊监管区域储存
无法集拼、分拨	可与保税货物集拼、分拨
根据报关单货物去向定向流转	根据国内采购订单最终确定货物实际离境出口或返回境内区外监管分流

图11-1　传统仓储货物监管模式与仓储货物按状态分类监管模式的对比分析

11.4　创新要点评估

专家评价维度

首先，海关特殊监管区域内企业（以下简称区内企业）经营非保税仓储货物，需经自贸区管委会审核同意后报海关核准。

其次，适用"仓储货物按状态分类监管"制度的区内企业，应使用计算机仓储管理系统（WMS），并按照海关规定的认证方式与海关特殊监管区域信息化辅助管理系统联网，向海关报送能够满足监管要求的相关数据。

最后，海关可根据相关规定对区内企业与保税货物有关的货物流、资金流和信息流等展开稽核查，对进出区非保税货物进行抽查。

11.5　风险评估及防控措施

"仓储货物按状态分类监管"业务会带来一系列的新增工作，人工监管流程再造和系统改造都具有一定的风险。一方面，"仓储货物按状态分类监管"业务需要海关各处室的协同推进，投入大量的系统研发成本和规范性改造，并且要在"改中试、试中改"；另一方面，为避免企业根据可能出现的新业务改造漏洞，进行投机操作，要优先选取经海关注册且企业信用管理类别较高的企业进行试点运行。

11.6　复制推广评估

◇ 复制推广价值

"仓储货物按状态分类监管模式"适用于各种类型的海关特殊监管区域，在实现企业需求与业务改造、业务需求与系统支持的前期试验成功基础上，可由自贸区推广到全国海关特殊监管区域，业务流程和系统改造在临近区域进行大范围的复制推广。

◇ 复制推广所需条件

一是具备海关特殊监管区域；二是业务流程和系统改造涉及的细节较多，需要有业务实践经验的海关监管人员进行实地推广，从而提升复制推广效率。

12 创新案例十二：国际服务外包研发测试

12.1 案例概况

案例描述

　　大连海关针对国际服务外包研发测试业务特点，充分利用海关特殊区域保税政策优势，为辖区企业量身打造新型海关监管模式，创新监管手段、优化监管流程，提高企业核心竞争力。大连海关"国际服务外包研发测试"制度创新既是海关监管业务的创新，也是现代治理体系的综合监管模式创新。大连海关创新了信息围网制度，为试点企业柯尼卡美能达软件开发（大连）有限公司提供相关业务流程的改进指引，联合地方政府、行业协会进行综合监管创新。经过一到两年的发展，柯尼卡美能达软件开发（大连）有限公司依托政策便利，实现了业务流程优化、降低了企业综合成本，其承担集团总部海外研发测试业务占比由最初的50%提高到95%，同时拓展开发业务，成为集团总部唯一设在海外的软件研发子公司，政策推广效果明显。

背景描述与主要做法

　　柯尼卡美能达软件开发（大连）有限公司成立于2007年，主要经营集团公司研发的多功能复合打印机、激光打印机相关的软件研发测试。需要进口外方免费提供的研发测试用仿真环境设备和测试载体设备，以及一些特定的测试用耗材、消耗物料等。国际服务外包手册模式将进口货物限定为境外发包方免费提供的进口设备，国家不予减免税的商品除外。该企业进口的打印机及耗材均无法享受该保税政策，只能采用暂时进出口的方式通关，大量占用企业的流动资金，而且暂时进出口审批也造成了通关时间过长，企业迫切需要为其量身打造新型保税监管模式。

针对这一情况及研发测试企业科技含量高、工作环境要求高等特点，大连海关创新性地选择腾飞软件园作为实验载体，入驻企业可享受海关特殊区域政策，并打造新型"六管"机制。

1.政府参管。高新园区管委会负责牵头组织审批在地产开发商提供的楼宇中选择合适楼宇或楼层试点，负责参与审批入驻"中心"企业的资质和日常行政管理。

2.经营企业协管。由有资质的科技园区地产开发商申请承建、招商、服务保障以及协助海关监管，"中心"房产只租不卖。地产开发商作为入驻企业保税货物的总担保和总代理，以化解和防范海关税收风险。

3.企业自管。企业定期传送保税货物的自管数据，海关落实诚信便利政策，对不同信用等级的企业实施不同的核查方案，对诚信低的企业增加核查次数，对诚信高的企业减少核查次数。

4.信息围网管理。以"人性化监管的高效监管"为目的，不再依赖传统的物理围网，利用物联网、智能视频、辅助系统等科技手段对中心的保税货物进行监控，保证海关监管货物安全。

5.行业协会助管。充分发挥大连高新区商会保税研发分会这一社会中介组织在海关与企业之间的桥梁和纽带作用，引导企业自律，倾听企业的意见和建议，接受企业的监督。

6.海关监管。海关对中心企业进出的货物以保税港区电子账册模式管理（无20种商品和期限限制），进出口商品享受海关保税政策。海关为中心企业提供专业化服务外包通关服务，通关模式由最初的"直通关"升级为目前的"全通"模式，大幅提高企业通关时效。同时搭建云存储，引入大数据管理。海关对企业定期上报的库存清单进行核对后，到企业进行有目的的巡检、核查，降低监管风险。

创新成效

在腾飞软件园内的"国际服务外包研发测试"相关企业享受保税待遇、不限20种商品、不限研发时限等优惠政策，降低了企业经营成本，提升了企业的竞争力，在解决就业等方面也有显著效果。目前在腾飞软件园内的"国际服务外包研发测试"相关企业吸收1 500余名大学毕业生就业，2018年营业额近4亿元人民币。以柯尼卡美能达软件开发（大连）有限公司为例，现有员工300人，年营业额7 000万元人民币，比"国际服务外包研发测试"创新推行前增长一倍左右，其承担集团总部海外研发测试业务占比由最初的50%提高到95%。同时经过技术积累，2017年新成立开发课室和营业企划课室，开展面向中国市场和柯尼卡美能达集团内部的定制开发业务等，是目前柯尼卡美能达集团设在海外唯一的从事软件测试的软件研发子公司，政策推广效果明显。

12.2　评估方法

◇ 深度访谈法。为了深入了解创新案例的发生、发展，主要内容和具体做法，与大连海关和柯尼卡美能达软件开发（大连）有限公司工作人员进行案例材料沟通与深度访谈。

◇ 比较分析法。将未开展"国际服务外包研发测试"业务试点与开展"国际服务外包研发测试"业务试点后的企业耗材调用流程和配置成本进行对比，通过两种方式、具体做法优缺点比较，评价告知"国际服务外包研发测试"业务试点的创新性。

12.3　创新性评估

前后对比维度

"国际服务外包研发测试"业务试点前与试点后的对比分析如图

12-1所示。可以看出，"国际服务外包研发测试"业务试点前，相关企业只有在海关特殊监管区域内建立研发和装配工厂才能够适用境外来料报税业务。考虑到海关特殊监管区离中心区和商务区较远，专业技术人才集聚难和"国际服务外包研发测试"相关企业需要进口外方免费提供的研发测试用仿真环境设备和测试载体设备，以及一些特定的测试用耗材、消耗物料等特点，海关需要针对来料在外、产品出口的"国际服务外包研发测试"类特殊企业创新保税监管和信息围网监管制度。"国际服务外包研发测试"业务试点后，企业的实际需求得以满足，为提升信息围网监管效率，大连海关与地方政府、行业协会共同打造了新型"六管"机制，践行了"放、管、服"改革。实现了"大胆放得开→联合管得住→切实服务好"的现代多元监管体系的系统性构建。

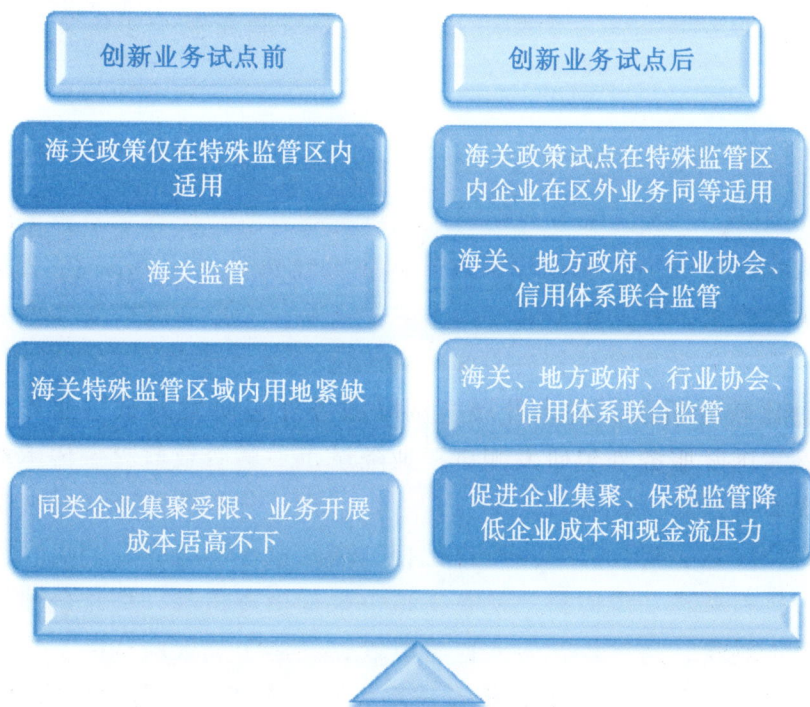

图12-1　"国际服务外包研发测试"业务试点前与试点后的对比分析

12.4　创新要点评估

创新要点

首先，根据企业的营商特点和实际需求，创新性地提出了低风险运行的信息围网构想，为"放得开"提供了便利。

其次，联合地方政府、产业园区管理企业、行业协会、工商税务部门和信用监管体系创新性地构建了新型"六管机制"，为"管得住"提供了支撑。

最后，通过标杆项目试点，测试了风险和创新压力，为同类企业提供了营商范本，助力同类企业集聚发展，为大学生就业提供了新增就业岗位和发展空间，为东北地区产业升级和专业人才集聚提供了助力。

12.5　风险评估及防控措施

大连海关"国际服务外包研发测试"业务监管模式创新属于将海关特殊监管区域通过信息围网方式向中心区拓展的"大步走"创新，创新幅度较大，因此涵盖两方面的主要风险：一是新的监管体系必然存在一些未被考虑到的潜在风险，但由于"国际服务外包研发测试"子公司销售在外的订单模式，对企业和地方发展而言，收益远远大于风险；二是改革的步子过大，一旦风险发生，会引致监管主体承担极大的改革风险。

防控措施主要有：一是严格把控"国际服务外包研发测试"类子公司的材料和产品流向；二是在实践中根据稽查情况，优化企业信用分级评价制度，持续优化多元监管机制；三是中央政府和海关总署要给予地方政府和地方海关改革责任豁免权，在未出现腐败的情况下，要通过立法保护基层改革者。

12.6 复制推广评估

◇ 复制推广价值

东北老工业基地在新兴产业和先进制造业领域具有人才培养优势和产业基础便利条件。"国际服务外包研发测试"类型的企业较多，与"国际服务外包研发测试"类似的产品生产与销售两头在外的企业也较多，但是由于海关特殊监管区域在设立之初就相对倾向于沿海等外贸导向型地区，新兴产业和先进制造业人才中心区集聚和用地多等需求，东北地区的海关特殊监管区域很难承载大量的产业和企业外向型发展需要。大连海关"国际服务外包研发测试"业务监管模式创新是立足东北老工业基地产业发展的实际需求探索而来的"大步走"创新，为类似企业适用海关特殊监管区域政策提供了前沿范本。

如果大连海关未能创新"国际服务外包研发测试"业务监管模式，在东北人才净流出和资金净流出的总体惯性态势下，"国际服务外包研发测试"相关企业面临全面撤出的实际情况，东北大学、哈尔滨工业大学和大连理工大学在计算机领域的国内领先优势将失去产业支持，人才集聚和高校研发都将陷入恶性循环，这其实是东北面临的现实困境，没有中央支持、基层勇于闯和勇于承担的精神，东北振兴、产业升级和"留住"人才将成为空谈。

◇ 复制推广所需条件

一是要有集聚大量的"国际服务外包研发测试"类型的产品用料和产品出口两头在外的企业；二是要能够精确识别出具有产品用料和产品出口两头在外特征的企业；三是主导部门要能够联合地方政府和各类市场主体共同构建多元主体参与的现代监管体系；四是改革不易，有实际红利的基层改革面临的风险较高，中央要真正关心落后地区的基层改革者，避免在法治体系不够完善和国内区域竞争越来越激烈的态势下"先富帮助后富"成为空谈。

13 创新案例十三：生产加工环节食品安全监管新模式

13.1 案例概况

案例描述

　　食品安全问题与人民群众生活关系最密切，也是人民最关心的实际问题。习近平总书记曾发表重要讲话，强调"能不能在食品安全上给老百姓一个满意的交代，是对执政能力的重大考验"。辽宁自贸试验区大连片区辖区内有 3 000 余家食品生产加工企业，而相对应的专职监管人员只有 5 人，兼职监管人员只有 18 人，且普遍年龄偏大，业务水平有待加强。食品生产加工环节监管力量薄弱，难以支撑拉网式动态监管，无法保证全覆盖日常监督检查和违法行为查处要求。大连片区市场监督管理局综合分析辖区内食品加工企业现状、监管要求和自身监管队伍情况，在食品生产加工环节创新方面采用第三方监管模式，改变了原来由政府职能部门承担的相对粗放的监管方式，使食品安全工作防患于未然。

主要做法

◇ 监管部门与第三方机构的职责划分

　　市场监督管理局在法律允许的框架范围内依法对第三方机构的日常监管行为进行授权，对第三方检查人员进行培训、考核并颁发证件；对第三方的服务质量进行随机抽查和考核，对第三方违法违规行为依法进行处置。

获得授权的第三方机构对监管对象按监管规则和监管标准进行日常监督。对不符合监管要求的行为，可当场口头提出意见或向监管对象出具整改建议书，并报大连片区市场监督管理局备案。

◇ **可授权第三方机构的监管内容**

在广泛调查研究的基础上，从国家法律程序着手，结合监管工作实际，将以下监管内容纳入购买第三方服务的范围：

1.量化风险分级监管的日常检查。第三方机构严格按照《辽宁省食品药品监督管理局关于开展食品生产获证企业风险分级监管指导意见》、《食品加工小作坊风险分级监管指导意见》、辽宁省质量技术监督局的《食品相关产品风险分级监管指导意见》，对监管对象进行日常检查、巡查，监管部门保留在试点过程中完善监管标准的权力。对A级风险企业每年实施1次日常检查，B级风险企业每年实施2次日常检查，C级风险企业每年实施3次日常检查，D级风险企业每年实施4次日常检查，监管部门保留在试点过程中完善监管规则的权力。

2.日常监督工作信息的分析和研判。对大连片区食品加工环节存在普遍性和突出性的质量安全问题及隐患，提出专项整治工作建议，并根据需要参与专项整治工作，全年不少于4次。

3.对全区食品生产加工环节的质量安全状况进行分析，形成每季度1次、年终1次，共5次质量安全状况分析报告，并向社会发布。

4.投诉举报的前期调查取证。在法律规定的时效期内，完成对投诉举报对象的调查取证，结合日常监管情况，对调查取证结果进行分析研判。

5.对检查服务对象的培训指导工作。全年采取集中或轮训等多种培训方式，对监管对象的法定代表人、质量负责人、食品质量安全化验员进行不少于1次的食品质量安全知识培训。

◇ **第三方机构监管工作的性质认定**

监管部门对第三方机构的监管工作性质进行确定，对第三方执业人员采取通过专业考试的形式择优录取，持证上岗，保证此项工作开展的合法性。在委托第三方进行监管的过程中，有涉及需具备执法资格主体才能实施的活动，市场监督管理局应委派具有执法主体资格的工作人员进行监督管理。

生产加工环节食品安全第三方监管新模式主要做法如图 13-1 所示。

监管职责划分	授权监管内容	工作性质认定
• 监督管理局 • 第三方机构	• 日常检查、分析研判、出具报告 • 前期取证 • 培训指导	• 专业考试 • 持证上岗 • 协助执法

图 13-1　生产加工环节食品安全第三方监管新模式主要做法

实施效果

大连片区优化整合社会食品安全监管资源，以政府购买服务的形式，通过招标方式吸引有资质的第三方在食品生产加工环节开展食品安全事中监管工作，取得了显著成效。主要表现在：一是保证了食品安全监管的全覆盖，解决了监管力量不足的问题，形成了一支具有专业知识、年富力强的专业检查队伍，使监管无死角、无弱项；二是有针对性地指导企业规范生产，针对安全隐患开展专项整治，使服务企业更加科学、专业；三是更加及时有效地消除食品安全隐患，监管工作水平得到了显著提升。

13.2　评估方法

◇ 深度访谈法。2019 年 4 月大连片区市场监督管理局与社会监管服务第三方进行访谈，深入了解生产加工环节食品安全第三方监管新模式的实施背景、操作方法、社会效果等内容，从宏观层面了解落实效果，并收集相关资料和案例素材。

◇ 比较分析法。将生产加工环节食品安全第三方监管新模式实施前后进行比较，通过对两种监管方式、具体做法优缺点比较，评价生产加工环节食品安全第三方监管新模式的创新性。

◇ 专家打分法。邀请公共服务管理领域专家，对生产加工环节食品安全第三方监管新模式的创新性和推广难易度进行打分评价。

13.3　创新性评估

前后对比维度

　　大连片区市场监管局通过招标方式购买有能力的第三方力量成为监督"触角"，使原本由政府职能部门负责对企业进行监管的工作职责，现在改由政府出资购买服务，由专业的公司接受委托代为执行职责，增强了食品安全监督力量，解决了辖区食品生产加工环节因监管力量不足带来的监管缺位问题，提升了对监管对象的服务水平，降低了食品安全风险，与制度创新前相比具有明显优势，见表13-1。

表13-1　生产加工环节食品安全第三方监管新模式创新前后对比

	制度创新前	制度创新后
模式	◇"监管部门+企业"监管模式 ◇缺点： 　✔因监管力量不足产生监管缺位问题 　✔监管人员普遍年龄偏大，业务水平有待加强 　✔监管模式单一，难以支撑拉网式动态监管	◇"监管部门+第三方+企业"三位一体的监管模式 ◇优点： 　✔增加了监管厚度，减少了监管盲区 　✔监管队伍职业化、年轻化 　✔提供专业化、科技化监管

专家评价维度

　　生产加工环节食品安全第三方监管新模式，是深化政府职能转变、提升政府行政效率的新举措，提高了公共服务水平和效率，优化了大连片区的营商环境。专家对该案例制度创新的打分为：提高市场监管服务效率分项打分4.89分、提升市场监管服务质量分项打分4.91分、帮扶企业提高安全管理水平分项打分4.92分、优化营商环境分项打分4.90分、加强事中事后监管工作分项打分4.93分；该案例创新性综合得分4.91分，如图13-2所示。大连片区生产加工环节食品安全第三方监管新模式创新性显著。

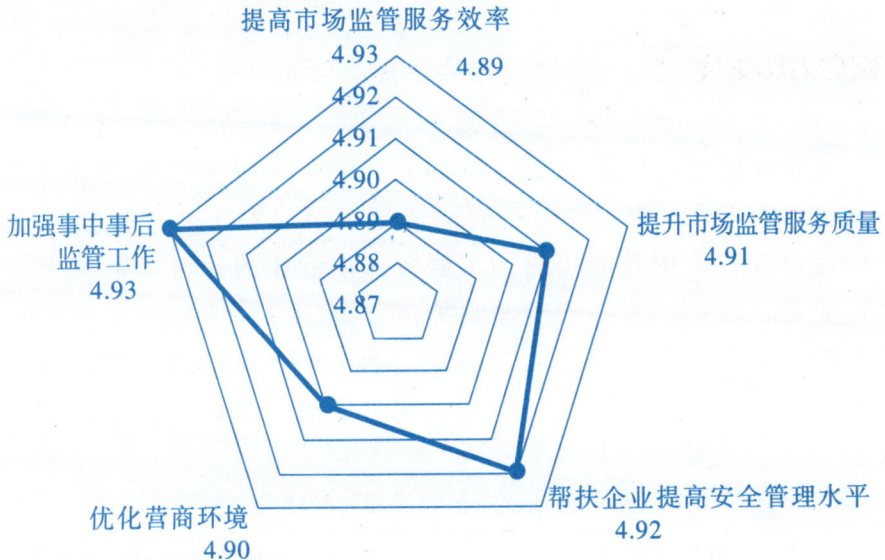

图13-2　生产加工环节食品安全第三方监管新模式专家打分评估

13.4　创新成效评估

主要创新成效

◇ 提高市场监管服务效能。生产加工环节食品安全第三方监管新模式吸收有资质的社会力量提供个性化、有针对性的监管服务，将过去单一的"监管部门+企业"转变为"监管部门+第三方+企业"三位一体的监管新模式，有效化解了辖区内食品小微企业数量较多与监管力量相对薄弱之间的矛盾，筑牢了食品安全的"防火墙"，使食品市场监管服务质量和服务效率显著提高。

◇ 加强事中事后监管。通过招投标方式确定有能力的第三方力量成为监督"触角"，有效提升了食品质量安全的管理水平，解决了食品安全监管难题。该创新举措加强了事中事后监管体制，为全国通过购买社会服务加强事中事后监管的改革工作，提供了有效的经验借鉴。

◇ 优化营商环境。食品安全是关乎人民健康的重大民生问题。大连片区生产加工环节食品安全第三方监管新模式，通过引入有资质的第三方检验机构提供专业化、科技化的监管服务，一方面增加了监管厚度，形成了齐抓共管的立体式食品安全监管网络，减少了监管盲区；另一方面，个性、专业、及时的监管服务对企业食品安全管理水平的提升，起到了有效的帮扶作用。

13.5　风险评估及防控措施

大连片区生产加工环节食品安全第三方监管新模式创新成效的取得，是以第三方监管机构的每个工作人员都能够按照规定、认真履行职责为前提的。但是，第三方检查人员是否都能做到不为蝇头小利徇私舞弊、达到预期目标，是存在一定风险的。防控措施为：定期对第三方检查人员进行思想警示教育和业务培训，使他们提高监管责任意识、夯实业务知识、提升业务水平，能够持续提供专业的、高质量监管服务。

13.6　复制推广评估

◇ 复制推广价值

大连自贸试验片区生产加工环节食品安全第三方监管新模式，有效解决了因监管力量不足带来的监管缺位问题，全面提升了食品生产加工环节的食品质量安全生产水平，与此同时还提升了监管对象的服务水平，为全国事中事后监管工作改革奠定了基础，具有较大复制推广价值。

◇ 复制推广所需条件

生产加工环节食品安全第三方监管新模式只需在当地财政可承受范围内即可复制推广。

14 创新案例十四：特种设备第三方监管模式

14.1 案例概况

案例描述

特种设备是指对人身和财产安全有较大危险性的锅炉、压力容器（含气瓶）、压力管道、电梯、起重机械、客运索道、大型游乐设施、场（厂）内专用机动车辆。随着社会经济的发展，特种设备在人民日常生活和地区经济发展中起着越来越重要的作用，如电梯和各类气瓶是老百姓生活中经常接触的设备，锅炉、场（厂）车和起重机械在现代化工业中承担着重要角色，压力管道和压力容器在涉氨制冷和石油化工企业中有着不可缺少的作用，客运索道、大型游乐设施也与发展的旅游产业息息相关。近年来，特种设备数量增长迅速，如果使用或操作不当，会造成重大人身伤亡事故或巨大经济财产损失，导致较大的不良社会影响。

大连市金普新区承载着国家面向东北亚改革开放和引领东北老工业基地振兴的光荣使命。近年来新区发展较快，区内大、中、小型企业众多，特种设备使用单位分布广泛。目前共有特种设备使用单位4 586家，共计5.5万台，占全市1/3之多，在辽宁56个区县监管总量中占第一位，且特种设备数量有逐年增长的趋势。由于区内特种设备数量大、种类多、分布广，而且区内危化企业又较为集中，导致监管任务重、压力大。随着2017年辽宁（大连）自贸试验片区落户金普新区，"放管服"、优化营商环境等改革措施不断深入，2019年，在特种设备领域尝试购买第三方社会服务，取得了良好的监管服务效果。

主要做法

特种设备第三方监管服务新模式主要做法如图 14-1 所示。

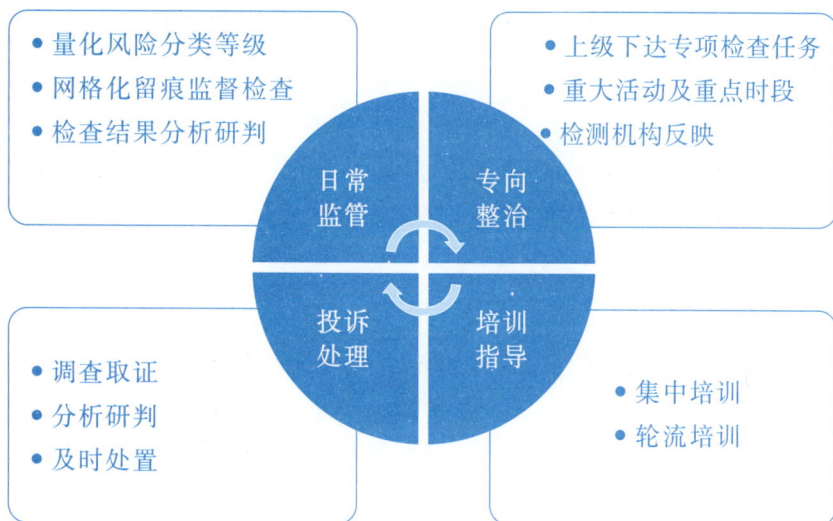

- 量化风险分类等级
- 网格化留痕监督检查
- 检查结果分析研判

- 上级下达专项检查任务
- 重大活动及重点时段
- 检测机构反映

日常监管　专向整治

投诉处理　培训指导

- 调查取证
- 分析研判
- 及时处置

- 集中培训
- 轮流培训

图 14-1　特种设备第三方监管服务新模式主要做法

◇ 日常监督检查

1. 量化风险分类等级。社会第三方机构严格按照《辽宁省特种设备生产与使用单位分类监管实施办法》，根据特种设备安全风险程度、生产和使用单位履行安全主体责任情况及现实情况，将监管对象分 I 类、II 类、III 类、IV 类。对于 I 类企业采用信用监管；对于 II 类企业采用责任监管以及在线管理与现场监督检查相结合的方式进行；对于 III 类企业采用常态监管，每年不得少于 1 次现场监督检查；对于 IV 类企业采用加严管理，每年不得少于 2 次的现场监督检查。

2. 根据风险分类等级进行网格化日常留痕监检。根据风险等级分类，社会第三方机构按照《辽宁省特种设备安全网格化监管规定》、《特种设备现场安全监督检查规则》和《辽宁省人民政府办公厅转发省质监关于加强全省特种设备安全实施意见的通知》规定，对新区 4 586 家企业，5.5 万台件八大类特种设备进行每年 2 次的日常监督检查，全年共需进行 8 000 余次日常检查、专项检查及调查取证工作，保留纸版、电子版及影像的各项工作痕迹。

3.对日常检查工作信息进行分析和研判。结合分类监管、日常监督检查的实际情况，对新区在用特种设备存在普遍性和突出性的问题及隐患，进行特种设备安全状况分析，形成每季度一次、年终一次共五次的特种设备安全状况分析报告，为及时排除特种设备隐患、提升企业管理水平提供依据。

◇ **专项整治检查**

对上级下达的各种特种设备专项整治任务，包括国家或地区重大活动及节假日的重点时段监督检查，根据安全生产形势、近期发生典型事故、同类事故的隐患及检测机构反映重大问题开展多种专项整治活动。

◇ **对投诉举报进行前期调查取证及特种设备事故处置**

社会第三方在法律规定的时效内，完成对被投诉举报对象的调查取证，结合日常检查情况，对调查取证结果进行分析研判，对发生特种设备事故及时调查处置。

◇ **对检查服务对象进行培训指导**

社会第三方全年采取集中或轮训等多种培训方式，对监管对象的法人、安全管理人员等进行每年不少于一次的特种设备安全管理知识培训。

实施效果

自2019年初特种设备第三方监管模式实施至今，金普新区市场监督管理局与第三方监管服务机构密切配合、分工协作，取得了良好的监管效果。一是成功召开了"2019年金普新区特种设备专项整治暨落实企业主体责任工作会议"。会上签订《特种设备使用单位落实安全主体责任承诺书》700余份，发放材料4 000余份，提高了特种设备使用单位的安全意识和主体责任意识，加强了企业特种设备档案管理。二是开展重点行业领域检查和专项整治。以气瓶充装、危险化学品、电梯、人员密集场所等行业、领域使用的特种设备为重点，组织开展各项专项整治行动。第三方监管机构开展检查特种设备使用单位200余家，出动人员400人次，完成整改26项。三是投诉处理及时高效。今年以来，共解决特种设备投诉案件48件，并已全部办结，排查整改安全隐患12项，为百姓解决了民生问题，得到投诉者的满意和好评。

14.2 评估方法

◇ 深度访谈法。2019年4月多次与大连金普新区市场监督管理局、社会监管服务第三方进行访谈，深入了解特种设备第三方监管服务实施背景、操作方法、社会效果等内容，从宏观层面了解落实效果，并收集相关资料和案例素材。

◇ 比较分析法。将特种设备使用第三方监管服务新模式前后进行比较，通过对两种监管方式、具体做法优缺点比较，评价特种设备第三方监管服务模式的创新性。

◇ 专家打分法。邀请公共服务管理领域专家，对特种设备第三方监管服务新模式的创新性和推广难易度进行打分评价。

14.3 创新性评估

前后对比维度

通过招投标方式确定第三方机构参与特种设备监管服务，降低了监管成本，有效解决了新区面积广、特种设备使用单位众多、监管人员有限、编制难增、监管效率低等问题，与制度创新前相比具有明显优势，见表14-1。

表14-1   特种设备监管模式创新前后对比

	制度创新前	制度创新后
模式	◇金普新区市场监督管理局负责监督检查工作 ◇缺点：新区特种设备使用单位多、种类多，监管人员有限且编制难增，监管效率不高	◇第三方社会服务参与监督管理服务 ◇优点：有资质的社会力量提供迅速、灵活、专业的服务，解决了缺乏人力资源和技术专业的实际问题

专家评价维度

　　在特种设备领域采用购买第三方社会服务参与监督管理，是深化政府职能转变、提升政府行政效率的新举措，提高了公共服务水平和效率，优化了金普新区的营商环境。专家对该案例制度创新的评分为：降低管理成本分项打分4.87分、优化营商环境分项打分4.82分、提高市场监管服务效率分项打分4.92分、提升市场监管服务质量分项打分4.93分、促进政府职能转变分项打分4.89分；该案例创新性综合得分4.89分，如图14-2所示。金普新区特种设备第三方监管服务新模式创新性显著。

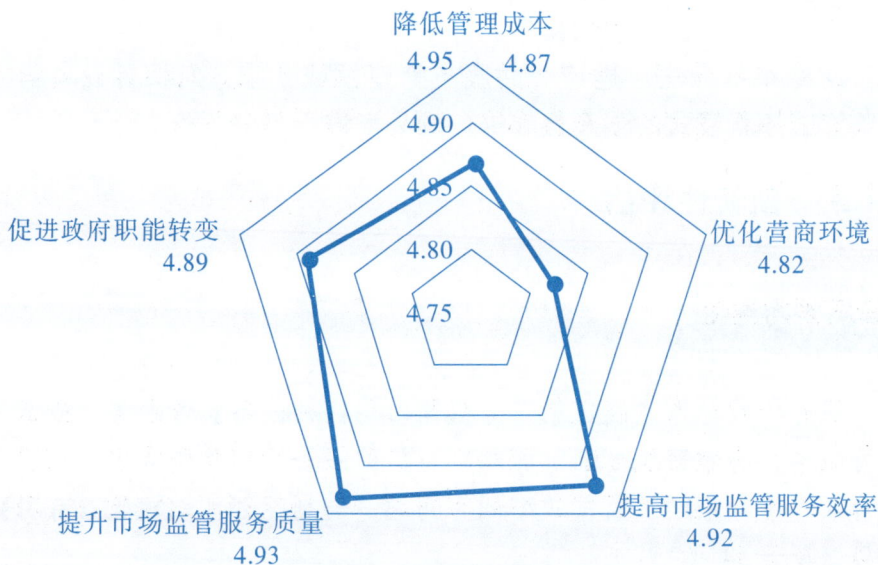

图14-2　特种设备第三方监管模式专家打分评估

14.4　创新成效评估

主要创新成效

　　◇提高市场监管服务效能。特种设备第三方监管模式吸收有资质的社会力量提供个性化、有针对性的监管服务，有效解决了新区特种设备使用单位众多、情况复杂而监管人员有限且编制难增，导致监管效率低下、监管质量不高的实际问题，使市场监管服务质量和服务效率显著提高。

◇ 促进政府职能转变。通过招投标方式购买社会服务是深化政府职能转变、创新社会治理体制的重要手段，也是提升政府服务质量、降低管理成本的双赢措施，有助于更新政府治理理念，提升行政能力与行政效率。

◇ 优化金普新区营商环境。特种设备安全运行是关乎经济发展、社会稳定，关乎群众安居乐业的大事。采用购买社会服务方式，吸收有资质的社会力量提供迅速、灵活、专业的服务，一方面有效解决了由于缺乏专业的人力资源等实际问题，提升监管服务质量和效率；另一方面对投诉案件处理及时高效，提高了投诉者的满意度，并获得高度好评。该创新举措做到了让百姓安心、放心，使金普新区的营商环境得到提升。

14.5　风险评估及防控措施

特种设备第三方监管模式创新成效的取得，以第三方监管机构的每个工作人员都能够按照规定认真履行职责为前提。但是，是否所有的工作人员都能不徇私舞弊、整齐划一、达到预期目标，是存在一定风险的。防控措施为：一是定期对第三方机构监管人员进行思想动员和业务培训，使他们提高监管责任意识，提升业务知识和业务水平，能够提供专业的、高质量监管服务；二是定期或不定期地参与第三方对新区特种设备的日常或专项监检及其他工作，以保持高质量的监管服务。

14.6　复制推广评估

◇ 复制推广价值

特种设备第三方监管服务新模式，有效克服了监管服务效率低、质量差的弊端。对执法机关而言，降低了管理成本，提高了市场监管效能，带来了低成本、高收益的双赢；对监管对象而言，增强了安全意识和主体责任意识，也加强了企业特种设备的档案管理；对百姓而言，特种设备安全运行有助于群众安居乐业，提高了居民幸福感及投诉者的满意感。特种设备第三方监管模式，具有较大复制推广价值。

◇ 复制推广所需条件

特种设备第三方监管模式，通过向社会力量购买服务提高了监管服务效率，可提供迅速、灵活和专业的监管服务，这是传统监管服务提供模式所办不到的，符合促进政府职能转变的大方向。复制推广所需条件为：首先，结合本地区的特种设备现状、特点，参照大连金普新区风险分类等级划分方法，建立本地区的风险分类等级量化方法；其次，采用购买有资质的社会第三方服务方式，对本地区特种设备实施第三方监管服务模式；最后，进行网格化的日常监管、专项整治、投诉处理、监管信息分析研判并出具报告及培训指导等工作。

15 创新案例十五：弹性出让方式供应产业用地

15.1 案例概况

案例描述

为深入推进供给侧结构性改革，促进土地节约、集约化利用，支持产业发展，积极落实国家产业政策，降低产业用地成本，推进产业结构优化和转型升级，优化营商环境，助推大连"两先区"建设和老工业基地全面振兴，大连市人民政府办公厅印发了《大连市支持产业发展落实产业用地政策实施细则》，其中的"弹性出让方式供应产业用地"措施不仅可以大大降低企业用地成本，而且提高了土地配置效率。

主要做法

大连普湾经济区在2018年8月对位于松木岛化工园区两宗工业用地采取弹性出让方式完成土地供应，项目用地出让年限为10年，出让价格按照《大连市支持产业发展落实产业用地政策实施细则》文件要求，工业用地使用权弹性出让的底价，根据工业用地法定最高出让年限市场评估价格进行修正后确定，修正系数为弹性出让年限与法定最高出让年限的比值，即：

底价=（弹性出让年限÷50）×50年出让期评估的市场价

在正常的挂牌出让所需材料基础上，普湾经济区管委会制定了《普湾经济区工业用地项目监管协议》，该协议针对项目用地涉及的产业准入条件、投产时间、投资强度、达产要求、节能环保、评估验收等内容进行约定。

在项目用地的期限届满时需要续期的，须在期限届满3个月前向普湾经济区管委会提出申请。经批准符合要求的，可以续期，并重新签订《土地出让合同》。因企业自身原因无法继续开发建设或运营的，企业可以申请解除《土地出让合同》。普湾经济区管委会将按照约定的方式收回建设用地使用权。普湾经济区管委会按照监管协议考核认定不符合要求或未按土地使用权出让合同约定建设和使用的，可按出让合同约定无偿收回国有建设用地使用权。

创新亮点

弹性出让方式供应产业用地可以促进土地资源高效利用，切实有效降低产业用地成本。相较于传统的土地出让方式供应产业用地，弹性出让方式供应产业用地有以下几个创新点：

1.相对于传统土地出让方式，弹性出让方式供应产业用地是从完善土地有偿使用制度和提高土地利用效率的角度出发，通过先期压缩土地出让年限的方式来改变土地闲置或低效利用的局面。

2.由于工业企业生命周期一般为20年左右，传统产业用地供应年限通常为50年。企业运营20年后，土地利用效率不高，土地收回、交易和转让存在障碍。弹性年限出让可设定工业用地首次出让年限为20年，通过缩短土地使用年限，能够为企业降低约30%的用地成本。

3.若企业在首次出让年限到期后仍经营良好，可按原来的出让价格续期，若经营不善，政府也可及时收回土地，能够灵活地提高土地的配置效率。

15.2　评估方法

◇ 深度访谈法。为了深入了解创新案例的发生、发展，主要内容和具体做法，与大连市自然资源局相关工作人员进行案例材料沟通与深度访谈。

◇ 比较分析法。将传统的土地出让方式与弹性出让方式供应产业用地的实施流程进行对比，通过两种方式、具体做法优缺点比较，评价告知弹性出让方式供应产业用地相对于传统出让方式供应产业用地的创新性。

15.3 创新性评估

前后对比维度

传统土地出让方式与弹性土地出让方式的对比分析如图 15-1 所示，可以看出，传统土地出让方式供应产业用地存在着土地供应年限长，工业企业用地超过 20 年后可能会出现土地闲置，且土地的收回、交易或转让存在障碍，用地成本高等缺点。弹性出让方式可以根据工业企业的生命周期，大幅降低首次出让年限，为企业在运营 20 年后自主选择续期还是收回土地提供制度性保障。在企业经营不善的情况下，政府可以及时收回土地，以提高土地的配置效率，更为重要的是，可以为企业降低大约30%的用地成本。

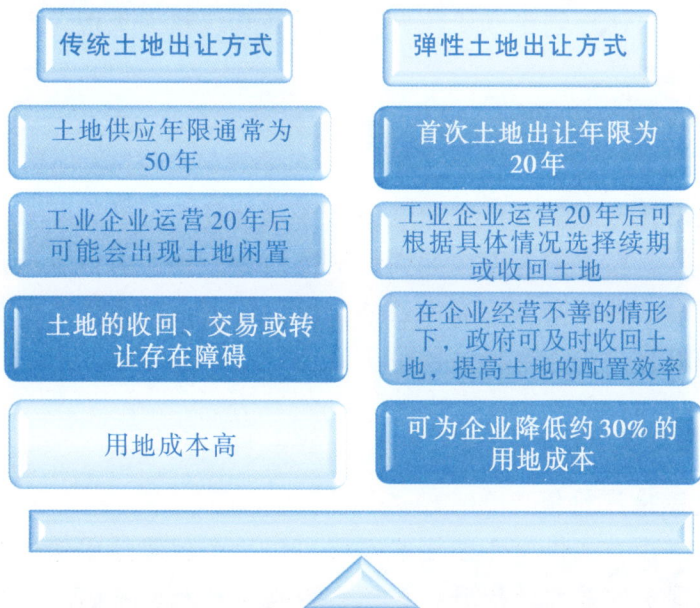

图 15-1 传统土地出让方式与弹性土地出让方式的对比分析

15.4　创新成效评估

主要创新成效

首先，探索创新工业用地弹性出让方式出发点在于完善土地有偿使用制度，促进资源优化配置，提高土地节约集约利用水平，提高土地利用效率。制定较短的工业用地出让年限能够有效地改变企业土地闲置或者低效利用的局面。

其次，降低企业工业用地成本。由于一次性支付出让金，开办企业初始投资压力大，加重了企业负担。当前，企业更新换代步伐加快，新型产业层出不穷，中小企业用地需求日益旺盛。高额的土地出让金让中小企业望而却步，从而影响企业发展。工业用地10年或20年的出让价格低于50年的价格，这样就降低了投资进入门槛，使有潜力的优质企业落地机会增多。

最后，如果一些企业无法完成其对政府的税收或产出承诺，设定一个较短的出让年限也利于政府在法理上较快收回土地，有助于提高土地的配置效率。

15.5　风险评估及防控措施

弹性出让方式供应产业用地的制度创新目的是通过降低土地的首次出让年限，在遵循企业生命周期的前提下，让企业自主选择续期还是收回土地，以提高土地利用效率。该制度创新需要在适当的事中事后监管下进行，并无明显的风险。

15.6　复制推广评估

◇ **复制推广价值**

弹性出让方式供应产业用地不仅可以为企业降低用地成本，而且可灵活实现土地效率的提升，在试点取得成功经验基础上，可由工业用地推广到其他产业用地，并可进行大范围的复制推广。

◇ 复制推广所需条件

一是分类分层深化，结合企业行业特点，出让年限分别定为 10 年、20 年、50 年，实行差别化使用年期，采用弹性年期出让或先租后让模式供地；二是重点领域拓展，扩大弹性出让范围，目前以工业用地为试点，取得成效后再向其他用地进行试点；三是形成制度，让弹性出让模式常态化，对新兴产业和短周期产业根据产业周期特点和建设投产进度确定出让年限，推行弹性出让和先租后让供地方式。加强用地出让生命周期管理，完善用地退出机制，促进土地资源优化配置，实现土地资源利用的良性循环。

16 创新案例十六：带产业项目挂牌出让

16.1 案例概况

案例描述

　　由于土地出让用途一般分为居住、商业和工业，若产业用地采取工业用途的挂牌出让方式，将无法保障重点项目落地。为优化我市营商环境，增强城市招商竞争力，采用重点产业项目以"带产业项目"挂牌方式供应土地，即重点产业用地挂牌交易时，附带特定产业项目具体建设条件、生产要求等内容的一种土地挂牌出让方式，能够确保重点产业项目精准落地。

主要做法

　　旅顺口区万达广场项目坐落于向阳街西端南侧（原九三路粮库），项目于2018年5月挂牌成交，用地面积为59 962.6平方米，容积率为2.88，总建筑面积为226 979.55平方米，成交总价款为26 317万元，土地主要用途分类为商服用地，目前正处于施工阶段。为吸引万达广场进入，出让方案相关条件设置也围绕该目的制定，现将该项目带产业挂牌的主要做法总结如下：

　　1.商业自持面积。该项目需建设自持建筑面积不少于10万平方米（含地下）的购物中心（不包括酒店、办公、家具建材市场、批发市场等），且购物中心需整体经营，不得进行分割销售。该要求写入《成交确认书》和《国有建设用地使用权出让合同》。

2.带方案挂牌。挂牌前区规划部门已审核通过该项目总平面图，挂牌须知里申明总平面图设定各种建筑面积数值。

3.产业引进要求。区招商部门就该项目整体运营以及商户引入等方面事宜多次和用地意向单位沟通，并与用地意向单位签订《合作意向书》，为项目的顺利开工建设及运营打下基础。

创新亮点

带产业挂牌方式可以明确规定土地的特定用途，保障重点产业项目精准落地，相较于传统的招商方式，带产业挂牌方式有以下几个创新点：

1.相对于传统招商方式，带产业挂牌方式是基于规范土地使用用途和精准带动重点产业项目落地的角度，通过规定须招商项目的生产条件和要求，使得符合资质的优质企业落地。

2.通过明确土地使用用途，简化了众多企业进行招投标的程序，使得招商引资的效率得以大幅提升。

3.通过对具体项目的要求，使得拟入驻企业能够合理评估自身能力，便于规范后续建设和运营流程。

16.2　评估方法

◇ 深度访谈法。为了深入了解创新案例的发生、发展，主要内容和具体做法，与大连市自然资源局相关工作人员进行案例材料沟通与深度访谈。

◇ 比较分析法。将传统的招商引资方式与带产业挂牌招商方式的实施流程进行对比，通过两种方式、具体做法优缺点比较，评价告知带产业挂牌招商方式相对于传统招商引资方式的创新性。

16.3   创新性评估

前后对比维度

传统招商引资方式与带产业挂牌方式的对比分析如图 16-1 所示，可以看出，传统招商引资方式不限定拟招商企业资质和要求，招标程序烦琐，且拟入驻企业资质或者运营可能存在不规范行为，缺少项目运行的沟通协调，存在较高的违约风险。带产业挂牌方式可以根据带产业挂牌的具体规定和要求，明确规定拟入驻企业的建筑面积及相关用途，拟入驻的企业可根据带产业挂牌的具体规定和要求进行自身评估以简化招标程序，入驻企业能够按照带产业挂牌的要求进行规范建设和运营，项目的整体运营及商户引入可与用地单位进行充分的沟通，项目可顺利开工建设和运营。

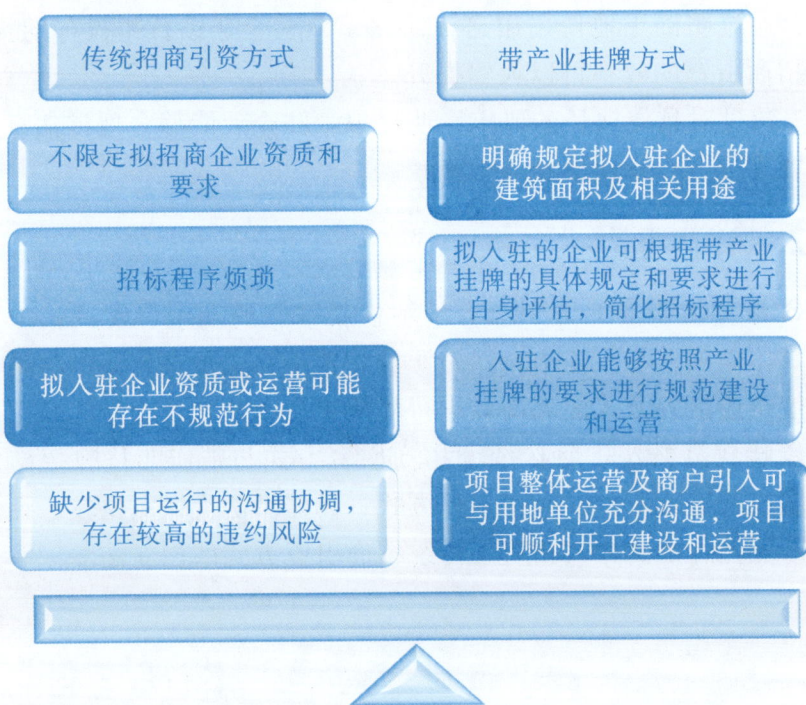

传统招商引资方式	带产业挂牌方式
不限定拟招商企业资质和要求	明确规定拟入驻企业的建筑面积及相关用途
招标程序烦琐	拟入驻的企业可根据带产业挂牌的具体规定和要求进行自身评估，简化招标程序
拟入驻企业资质或运营可能存在不规范行为	入驻企业能够按照产业挂牌的要求进行规范建设和运营
缺少项目运行的沟通协调，存在较高的违约风险	项目整体运营及商户引入可与用地单位充分沟通，项目可顺利开工建设和运营

图 16-1   传统招商引资方式与带产业挂牌方式的对比分析

16.4　创新成效评估

主要创新成效

带产业项目挂牌出让的招商引资方式，能够以具体的规定和要求对拟入驻的商户进行说明，能够简化招商引资的程序，规范拟入驻企业的资质和运营能力，为重点项目的精准落地提供制度性保障。旅顺口区万达广场项目的成交与建设运营，表明带产业挂牌方式能够吸引到与需求一致的重点项目落地。

16.5　风险评估及防控措施

带产业挂牌方式的制度创新目的是提高重点项目精准落地的效率，简化招商引资程序和规范后续建设运营的制度性保障，能够吸引优质重点项目落地，并无明显的风险产生。

16.6　复制推广评估

◇复制推广价值

带产业挂牌方式不仅可以简化招商引资程序，而且可吸引到优质的重点产业项目落地，在试点取得充分的成功经验基础上，可进行大范围的复制推广。

◇复制推广所需条件

带产业挂牌方式能够高效进行优质重点产业项目的筛选和招标工作，能够规范拟入驻企业的行为，进行高效的和高质量的招商引资，在试点成功的基础上，可积累总结相关流程与经验，复制推广无须烦琐的条件。

17 创新案例十七："法院—国土"不动产联动查询机制

17.1 案例概况

案例描述

为加强网络执行查询不动产联动机制建设，各级人民法院和国土资源主管部门积极落实最高人民法院与自然资源部联合下发的《关于推进信息共享和网络执行查询机制建设的意见》，大力推进"点对总"不动产网络执行查询。这样的"联动"机制，使得地方的国土资源部门和法院形成对接，以信息化的手段提升不动产的查询效率，执行联动机制，让国土部门打破数据信息壁垒，提升了司法办事效率。

根据《意见》的有关要求，各地市纷纷响应国务院的号召。目前，北京、天津、石家庄、秦皇岛、太原等45个直辖市、省会城市、沿海城市、重点旅游城市已经上线"点对总"不动产查询功能。同时国土资源部门还建立实体档案的快速响应机制，为法院提供各档案网点的联络员联系方式，法院可预先与他们取得联系，提供所需查询的信息，让联络员先找到有关资料，法院再派人过来，大大缩短了信息获取时间，降低了司法成本，提升了司法效率。

以大连为例，以往法院对涉案人员不动产信息进行查询、查封工作时，必须到不动产登记中心办理，但查询中心只有一名工作人员负责该领域的，每天需要处理上百份案件，排队时间长且查询效率低。联网查询机制的建立使工作效率大大提高，查询结果立等可取，为法院工作人员节省时间的同时，也保证了权利人的合法权益。

2018年8月15日，大连开发区人民法院和大连金普新区不动产登记中心正式达成联动机制，建立起联网查询机制，开发区法院分配专线电脑，可查询被执行人名下的房产情况。金普新区不动产登记中心为开发区法院设置一个特别的接入网端，法院获得授权后可直接使用房产信息系统进行自主查询，还可以通过查询平台核实当事人提供的房产信息是否属实，这样就避免了法院反复去房产窗口调取信息的麻烦。

主要做法

2018年4月16日，辽宁省地方税务局、辽宁省国土资源厅联合下发了《辽宁省地方税务局　辽宁省国土资源厅转发国家税务总局　自然资源部关于深化部门合作减轻群众负担 提高便民利民服务水平的通知》，要求积极推行不动产登记和税收征缴"一窗受理"，进一步优化群众办事流程。

大连保税区规划和土地房屋局与税务局第一时间落实上级相关部署，在原有系统基础上，大连保税区房屋登记交易中心和保税区税务局联合增加功能、完善数据、整合流程、提高效率，同时积极协同组织工作人员学习培训，加快推行不动产登记、税收、交易"一窗受理、并行办理"。12月17日，大连保税区不动产交易税收综合管理平台正式上线，标志保税区在全市率先实现不动产登记和房产交易税收征缴"一窗受理"。市民办理涉税不动产登记只进一扇门、只取一个号，只交一次材料就可一次性办理完毕，全款商品房产权证立等可取。

据保税区不动产登记中心和税务部门相关负责人介绍，登记办税"一个窗口"的新模式，改变了原来办理商品房、二手房过户"查询—受理—办税—缴费"的烦琐程序。原来办理房产登记和缴纳契税需要提供两套要件基本相同的受理材料，现在，只需来到不动产登记中心的登记、办税联办窗口，便可一次性办理税费缴纳、过户登记申请，即刻领取商品房不动产证和二手房受理回执单，业务办理时间缩短一半以上，为市民带来了极大的方便。

该业务平台涵盖了个人办理的各类存量房和全款交易的增量房缴税和产权登记功能，大大降低了办事成本，缩短了办理时间。保税区将会继续加大推进力度，逐步实现房产登记网上预约，并在此基础上逐步实现网上受理和网上审核，进一步提升办事效率，全力提升保税区营商环境。

实施效果

保税区不动产联网登记和登缴一体化的联动机制（如图17-1所示）可以大幅度提升司法效率和办事效率，极大简化原本烦琐的办事程序，其具体成效可以总结为以下几方面：

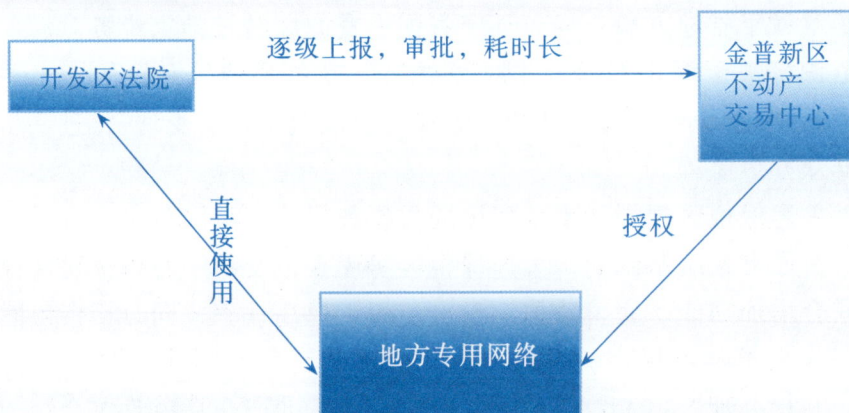

图17-1　"法院—国土"查询联动图

其一，"法院—国土"联动机制使得法院打破数据壁垒，更加便捷地查找被执行人的房产信息。在涉及被执行人有关房产查询信息时，原本需要法院派专人去不动产交易中心调取相关资料，其间还会经历三到七天不等的信息逐级查询反馈期，往往会错失时机，易产生被执行人私自转移名下房产等逃避监管的行为，也不利于法院工作的司法公正性和有效性；同时由于查询时间过长还会导致部分房产信息更新不及时，造成信息不对称延误案情。在建立起二者的联动机制后，法院可以绕过烦琐的查询流程直奔主题，最大程度上减少了检索时间，提升了司法效率。

其二，保税区的不动产登缴一体化系统极大提升了不动产所有人的办事便利性。以往需要"查询—办理—办税—缴费"的烦琐流程，现在将查询和办税整合成为一个窗口，让当事人只走一趟就能够办完不动产的登记、缴税、过户等一系列流程，提升了保税区不动产登记的行政效率，缩短了不动产所有者的办事流程，增加了服务满意度。

其三，保税区不动产联网查询机制有助于保税区未来的产业发展和结构升级。保税区不动产的联网登记丰富了国土部门的资源数据库，在大连保税区近几年蓬勃发展之际，这种即时联网登记可以有效帮助国家有关部门掌握保税区乃至整个大连的不动产登记在册情况，为上级及时做出重要战略部署提供核心数据库，为大连保税区产业结构升级、保税金融、进出口贸易等主要活动提供重要的战略支撑。

17.2　评估方法

评估方法如图 17-2 所示。

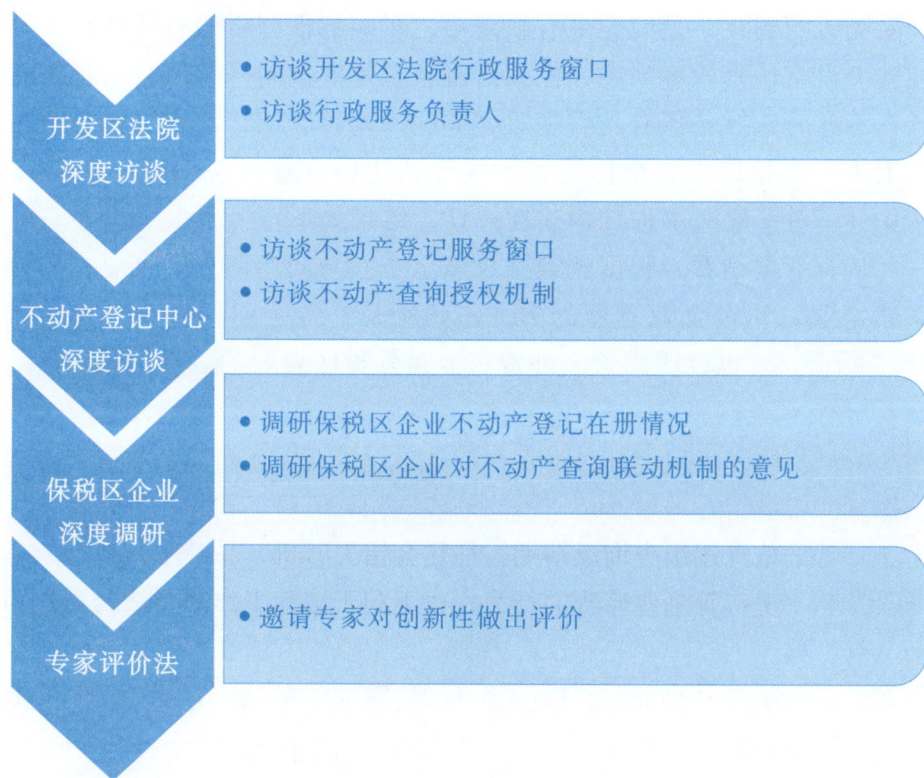

开发区法院深度访谈	• 访谈开发区法院行政服务窗口 \n • 访谈行政服务负责人
不动产登记中心深度访谈	• 访谈不动产登记服务窗口 \n • 访谈不动产查询授权机制
保税区企业深度调研	• 调研保税区企业不动产登记在册情况 \n • 调研保税区企业对不动产查询联动机制的意见
专家评价法	• 邀请专家对创新性做出评价

图 17-2　评估方法

（一）开发区法院深度访谈

2019 年 4 月，我院多次重点对大连市开发区法院进行访谈，深入了解推出"不动产联动查询机制"的背景、目标及操作细则，从授权与简化的角度了解政策落实情况。

（二）不动产登记中心深度访谈

2019年4月，我院多次重点对金普新区不动产登记中心进行访谈，深入了解推出"不动产联动查询机制"的背景、目标及操作细则，从宏观层面了解落实效果，并收集相关资料和案例素材。

（三）保税区企业深度调研

2019年4月，调研组综合考虑行业类型、企业属性等因素，选取具有代表性的企业发放电子问卷，调查企业对"不动产联动查询机制"的熟悉度、满意度和有效性，并了解在该领域未来的需求方向。电子问卷共回收56份。针对回收的问卷，根据三个标准进行筛选，剔除无效问卷：一是问卷中有缺漏项，影响数据分析的有效性；二是答卷者没有认真填答问卷，例如所有条目都圈选同一分值；三是答卷者在答卷时选择分值有矛盾现象，如同一内容题项，前后选择分值相差太大。根据以上三个标准，本次评估获得有效问卷51份，有效率达91%。对获取样本进行描述性统计，结果如下：

从企业类型看，根据调查结果显示，参与问卷调查的企业主要为民营企业，超过企业总体的70%，其次是外资企业约占20%，如图17-3所示。这也说明民营、外资企业是保税区企业的主导力量。

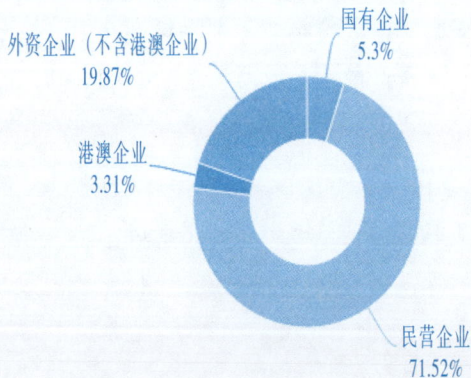

外资企业（不含港澳企业）19.87%
国有企业 5.3%
港澳企业 3.31%
民营企业 71.52%

图17-3　"不动产联动查询机制"样本企业性质构成

从企业了解度来看，根据调查结果显示，对于新推出的"不动产联动查询机制",认为很了解的企业达10%以上,但存在2%的企业对其完全不了解,如图17-4所示。因此保税区需要积极向企业宣传该政策的创新举措。

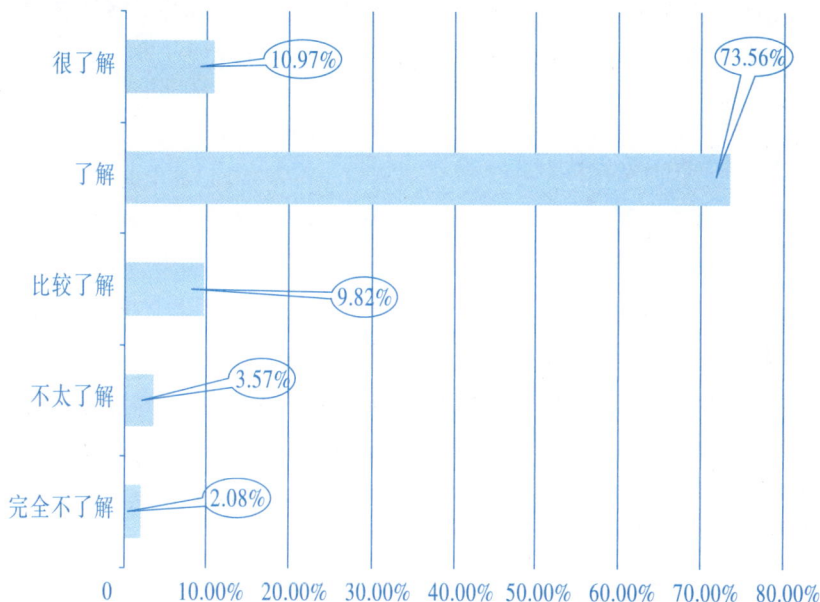

图 17-4　样本企业对"不动产联动查询机制"的了解程度

(四)专家评价法

邀请法律和贸易领域的专家,对"不动产联动查询机制"的创新性和推广难易度进行打分评价。

17.3　创新性评估

创新亮点

"国土—法院"联动机制,在查询程序、查询时间和查询报批上相比之前都有较大的改进,见表17-1。在全国推行,能够有效治理"老赖";在大连保税区的推进,能够促进保税区不动产的实时登记查询,避免了以往多次跑不动产登记中心的麻烦,在查询效率上也能得到保证。

表17-1　　　　**"不动产联动查询机制"创新前后对比**

制度创新前	制度创新后
模式 不动产登记在不动产登记中心进行，法院派专人去不动产登记中心查询有关信息 不动产 → 不动产登记中心 ← 法院 缺点：以不动产登记中心为枢纽的单向的沟通方式，耗时耗力，信息更新周期长，报批慢，极易发生信息搜寻不到的情况，影响司法效率	不动产登记中心直接授权专用端口供法院查询不动产信息，免去了法院派专人前往查询的麻烦，提升了司法效率 法院 ↔ 不动产登记中心 → 授权 优点：专用端口的建立使得原本需要3~5个工作日的查询变得立等可取，极大提升了司法效率，降低了司法成本

专家评价维度

　　本次评价还采用专家评价法这一国内领先做法，选取了是否是国内领先做法、对原有做法改进程度、功能性增强、改变原有流程、更好地满足企业要求为指标，设定1-5分的分值表示从非常不同意向非常同意依次渐进，邀请了5位专家按照实际情况打分，取平均分为最终的专家评价分值，见表17-2。从专家打分情况来看，"不动产联动查询机制"具有显著的创新性，为企业登记不动产信息、缴纳不动产税费节省了时间成本和操作成本，更好地满足了企业的需求。

　　综合上述分析，我们认为"不动产联动查询机制"的实行使法院和企业有更多的自主权和更多便利。调研专家对新制度的实行也给出了较高的评分，该制度对保税区的不动产登记、缴税等行政效率的提升大有裨益。

表 17-2   专家对"不动产联动查询机制"制度创新性评估打分情况

不动产联动查询机制	国内领先做法	对原有做法改进程度	功能性增强	改变原有流程	更好满足企业要求	专家评价分值
企业时间节约	5	4	3	4	5	4.2
企业成本节约	5	4	5	5	5	4.8
司法行政效率提升	5	5	5	5	5	5

17.4   创新成效评估

根据调研反馈结果，样本企业对"不动产联动查询机制"带来的成效满意度较高，对于"实行不动产联动查询机制后，园区内企业不动产登记变得可以数字化，提升了企业运作效率"这一问题，认为比较有效果及以上的企业超过 95%，20% 的企业认为很有效果，如图 17-5 所示。

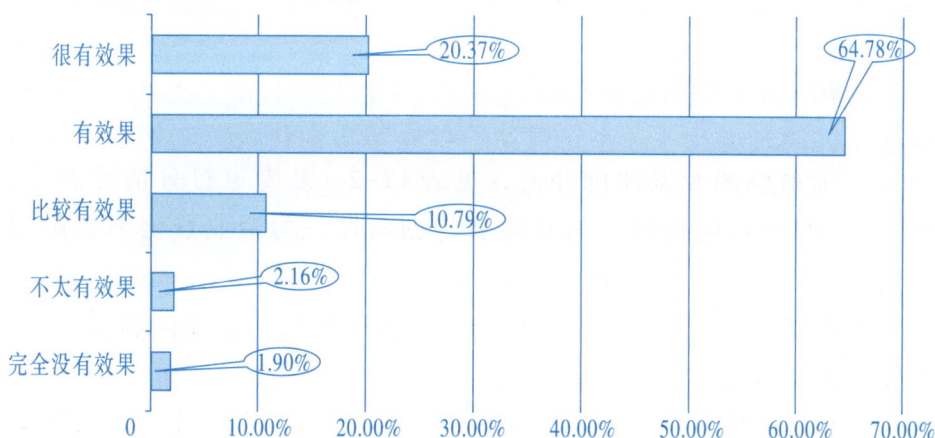

图 17-5   样本企业对"不动产联动查询机制"成效的满意度

17.5   风险评估及防控措施

对于"国土—法院"双联动的最大风险点就在于信用授权问题。金普新区不动产登记中心给予地方法院授权不动产查询端口，这个端口有可能会存在信息泄露的情况。可能法院私自查询无关人员不动产信息，查询到的信息还有可能流入社会，造成不良的社会影响。为了避免这种情况的发生，不动产登记中心和地方法院必须做到以下几点：

1.不动产登记中心授权的时候必须指定某法院的网络端口，做到"精准准入"原则，同时定期监督地方法院对于授权端口的使用情况，发现有越权查询等不端行为立刻制止。

2.地方法院必须指定专门的法务工作者担当授权端口的查询人，并且每次的查询都要在互联网上"留痕"，记录具体使用的 IP 地址、查询人和查询时间，一旦发现有人越权查询要及时停止该人的使用权限。

3.对于查询不动产信息的流出环节双方要加强监管，法院检索到的不动产信息只能用于案件的审理或者出于更高部门的查询需要，不能私自流入社会，更不能出售。

17.6   复制推广评估

纵观大连市联网创新机制的实行，不仅很大程度上提高了政府办事效率，同时也是一项惠民政策。信息端口的接入，实现了不用跑腿、立即可查的不动产联网查询机制；市内没有地区限制，任一片区均可查询房产信息的"一窗办理"；足不出户即可通过快递服务收到不动产产权证等。大连市一系列的创新做法也许与南方发达地区相比还具有推进、完善的空间，但同时也值得向其他一些地区进行推广，实现各地区共同进步，见表17-3。

1.大连开发区和金普新区法院的双联动并非首创，全国很多城市诸如杭州、上海、北京等主要城市早已开展这种形式的联动机制；但是大连在学习先进经验的时候并没有全盘照搬，而是结合本市发展的

表17-3   "不动产登记查询联动机制"新模式复制推广评估

推广价值	推广条件	推广难易度
◇节约时间成本 ◇节约资金成本 ◇提高行政效率 ◇推动不动产登记数据化建设	◇法院与国土部门及时沟通，有效对接 ◇信用端口的建设 ◇取其精华，扬长避短	4.9

特点提出有特色的发展战略：以保税区最为先行试点城区，做好带头典范工作的同时将不动产登记和缴税流程实行一体化。让人民群众只进一扇门、只跑一趟就能完成所要办理的业务，极大降低了群众成本，提升了行政效率。

2.这种联动的核心在于信用授权端口的建立。不动产登记中心在向法院授权时，必须使用可以信赖的网络端口，指派法院专人进行查询，同时必须对查询全过程进行监管，时刻谨记授予权力不等于滥用权力。

3.由于保税区具有特殊经济的地位，其经验的推广要结合具体情况因地制宜。大连保税区是我国行政面积最大的、唯一的集"保税区、出口加工区、保税港区"管理于一身的特殊经济区；同时大连也是我国5个计划单列市之一，大连保税区不动产联动查询机制在借鉴南方发达省份的经验基础上经过完善形成的联动体系，再进行二次推广的过程中其他城市一定要注意"取其精华"进行自适应，不能盲目全盘照搬。

18 创新案例十八："双D高科"公司平台双创模式

18.1 案例概况

案例描述

大连双D高科产业发展有限公司（以下简称"双D高科"）源于 2004年高新园区开发建设双D港成立的大连海泰公司，从那时就开始了最早的创业孵化工作。2010年5月，经大连市政府批准，双D港划回大连经济技术开发区时，开发区成立了双D高科是大连经济技术开发区集科技创新、新兴产业投融资及科技服务三大职能于一体的科技园区专业运营商，并且基于开发区较好的产业基础，开展了科技创新孵化和新兴产业的发展促进工作。

双D高科下设大连双D港创业孵化有限公司、大连双D置业有限公司、大连双利企业服务有限公司、大连小窑湾开发建设有限公司四家全资子公司及大连中科双创集成电路科技发展有限公司的一家控股公司，资产总额10.83亿元。公司组织架构如图18-1所示。

主要做法

（一）组织架构创新

组织结构一直是企业创新的核心推动力，组织结构的灵活性反映了组织创新的能动性。双D高科人员结构不是一般组织中的"直线职能制"或者是"事业部制"，而是根据创新创业的核心战略要求，采用跨部门整合机制分成了四个核心团队：双创孵化团队、投资建设团

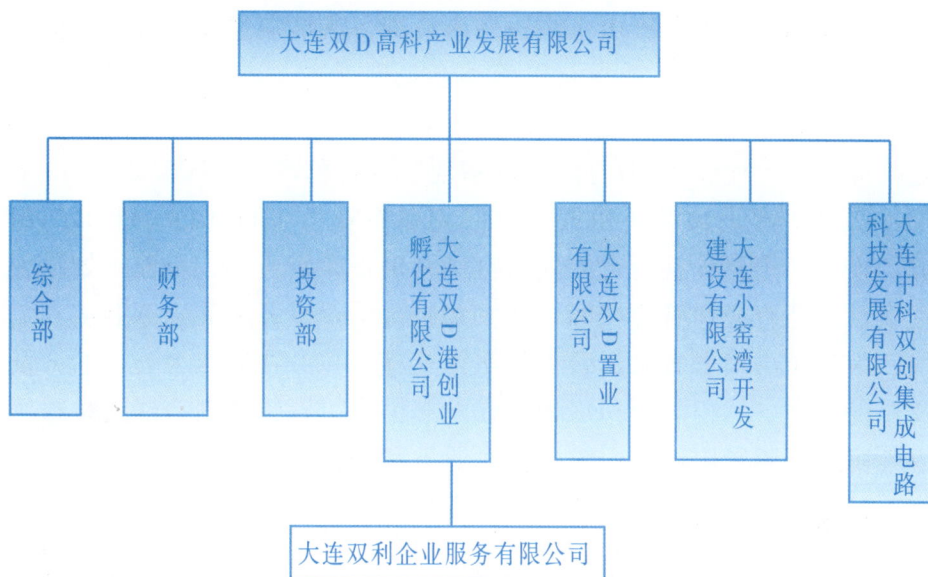

图 18-1　双 D 高科组织结构图

队、物业服务团队和综合保障团队，这种将传统的金字塔形组织结构演变成为了组织内部一个个灵活的小节点，具有高度的自治和快速的反应能力，能够根据创新环境的变化及时做出战略上的调整和修正，如图 18-2 所示。

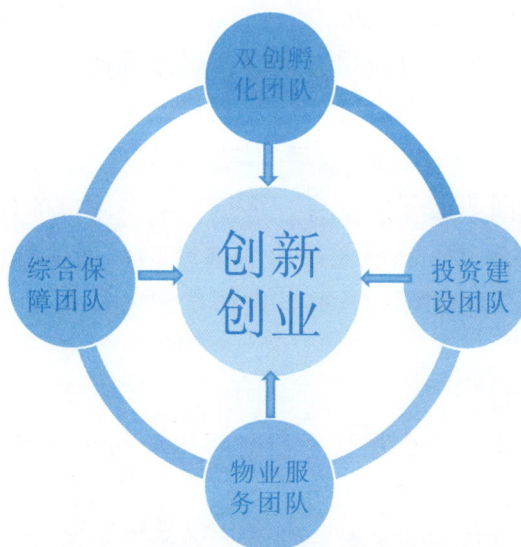

图 18-2　双 D 高科团队架构

①双创孵化团队：由生物医药事业部、智能制造事业部、电商事业部三个部门组成，秉承新区管委会所赋予的"战略性新兴产业促进"的核心使命，负责管理运营"大连生物医药创新孵化基地、双D港跨境电商产业园和3D打印示范基地"等特色产业园区。

②投资建设团队：由投资部、双D置业、中科双创三个部门组成，投资部主要依据公司的战略目标，负责融资资本，全面规划投融资项目，结合公司管理实际，建立并完善法律事务相关规章制度和流程，为公司决策和日常运营提供法律支撑。双D置业作为公司的开发及建设平台，承担着公司房地产开发、销售、营销策划、建筑材料销售等职能，紧紧围绕公司孵化人才业务和科技人才战略的需要开展合作项目建设；中科双创团队主要负责公司与中科院微电子所合资成立的中科双创集成电路科技发展有限公司的管理工作及公司新兴产业项目的筹备建设工作。

③物业服务团队：由安全与工程部、企业服务部两个部门组成，是公司实现国有资产管理的责任主体及载体内入驻企业物业管理服务的提供者，负责公司所有载体的物业及安全管理工作，为园区内的消防、电梯、绿化、安全保障等方面提供支撑，为园区内营造一个稳定、可靠的创新创业环境而努力。

④综合保障团队：由公司综合部及财务部两个部门组成，其中综合部作为公司重要部门之一，是公司综合服务和办公协调的核心部门。

这样的跨不同职能部门整合，形成了双D高科的核心人才库，在保证基本运营的基础上能够发挥出人才结构对创新创业的最大优势，能够整合不同部门的优势特长并且发挥优势互补作用，形成创新创业的合力支持体系。

（二）平台创新

双D高科企业是一个主打"创新孵化"的双创兴高技术产业园，其在短短几年的发展中就演化出了不同于一般孵化平台的独特创新孵化模式：实行"科技创新平台—四大产业平台—战略合作平台"三平台联动机制；科技创新平台包括"科技平台"、"科技载体"和"服务体系"，四大产业平台包括"生物医药"、"智能制造"、"跨境电商"和"集成电路"，战略合作平台包括双D高科加入全球智能孵化网络（WIIN），进行点对点的创新合作，如图18-3所示。

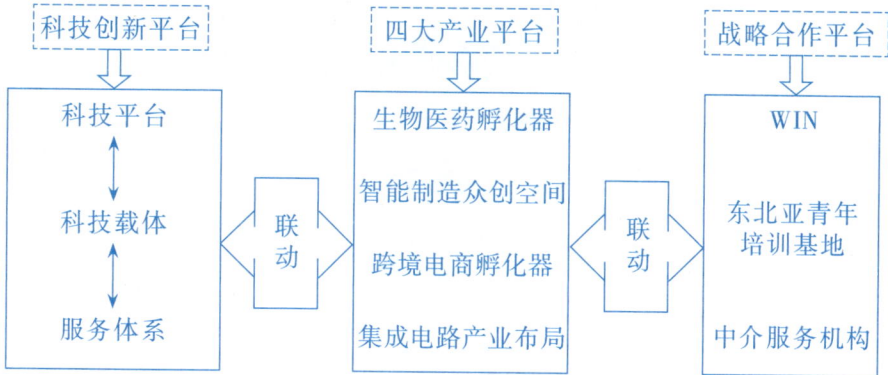

图18-3　双D高科孵化平台机制

①科技创新平台。双D高科始终把加强创新体系建设放在重中之重的位置，本着"引进—共建—自建"的基本策略，重点搭建一批专业化的平台项目，拥有包括国家中小企业公共服务示范平台、质量分析三级实验室、药用成分微囊化技术国家地方联合工程研究等各级公共技术服务平台、重点实验室、工程研究中心、技术研发中心70余个，其中国家级4个、省级11个、市级19个、区级38个，形成了大连生物医药创新孵化基地、双D港创业园、双D高科跨境电商产业园、双D国际大厦等四个重量级创新载体。此外还建成了完善的"双D孵化创新创业综合服务平台"，综合服务平台为入驻其中的创客提供各种服务来促进创新孵化，如图18-4所示。

②四大产业平台。双D高科在小窑湾成立了紧密相连的生物医药产业园区、智能制造产业园区、集成电路产业园区和跨境电商产业园区四个核心产业生态。

生物医药孵化器目前在孵企业58家，年总收入4.92亿元，出口创汇1.27亿元，利润2 317万元，拥有专利265项，提供就业岗位1 012个，主要在医疗器械、疫苗研发、生物农业、基因检测等方面进行创意孵化，其中大连万春医药已经成功在美国纳斯达克上市。

图18-4　双D高科双创综合服务平台

智能制造围绕东北老工业基地转型，依托大连3D打印示范基地，由公司联合众益工业、中科芯博等10余家企业及科研院于2015年12月共同发起建设，建筑面积1.2万平方米，是"大众创业，万众创新"多功能示范平台，涵盖了产业链上游基础材料研发、中游的快速成型设备生产、下游的工业智能解决方案提供。在产业链横向创新要素聚集方面，汇集了产业基金、数据云服务、创业孵化、公共服务平台及产业人才培训，初步形成了"3D打印+互联网+创新创业"的新兴业务形态。

跨境电商孵化器是电商产业园按照大连跨境电商综合实验区暨中韩贸易合作区整体战略部署，以夯实电商发展环境为基础、建设创新型孵化器为突破、增强电商企业生存能力为重点的综合型孵化器。该孵化器提供"专业信息服务、创业服务、科技人才服务和产业环境培育"四大核心服务，推动跨境电商、平台型电商、新型垂直服务电商发展，同时培育一批充满活力的大连电商职业经理人，为大连电商企业积极参与新形势下的国内、国际竞争，促进地区产业结构调整、转变发展方式和提高核心竞争力。

集成电路产业这几年在大连形成了坚实有力的发展基础，产业链不断完善。为了配合"中国制造2025"战略部署，紧紧抓住机遇期和窗口期，在新一轮的竞争中抢占产业布局的先机，实现跨越式发展，加快推进工业结构调整和经济转型升级，大连市委市政府决定将集成电路产业作为"十三五"期间重点发展的战略性产业，大连集成电路的发展已经初步形成规模并且势头长势良好。

③战略合作平台。双 D 高科已经成功融入 WIIN 网络，成为重要的创新增长极。全球智能孵化网络（WIIN）于 2018 年 1 月由首都科技发展战略研究院联合相关机构和人士发起，由韵网（WIIN）公司运营。韵网旨在连接中国与世界，为创业加速，为孵化赋能，将以遍布世界主要城市的创业孵化机构为主要节点，借助大数据和人工智能等技术手段，实现大公司、投资机构、服务机构、创业机构、创业孵化机构、孵化者的广泛便捷交流和智能精准融合，完善全球化和智能化时代的创业生态系统，创建新时代人"人类创新创业共同体"。

双 D 高科把科技创新平台、四大产业平台和战略合作平台进行并联整合，科技创新和四大产业之间、四大产业和战略合作之间都有交流互动。三大平台联动互动机制从整体上促进了双 D 高科创新创业能力的提升，为双创提供了良好的营商环境，这种平台联动机制的设立值得学习借鉴。

创新成效

（1）产业招商方面。先后建设打造"大连生物医药创新孵化基地、双 D 港跨境电商产业园和双 D 港 3D 打印示范基地"等特色产业园区，配合开发区招商职能部门，累计引进战略新兴产业 50 余家，招商引资总额突破 17 亿元。促进新区生物产业年产值从 50 亿元跨越到 300 亿元，成为开发区发展新兴产业的创新引擎。

（2）科技创新方面。通过不懈地建设科技创新体系，公司现拥有科技载体面积 27 万平方米，园区入驻企业 269 家，已初步形成横向涵盖"生物医药、3D 打印、跨境电商、集成电路、环保检测、智能制造"六大新兴产业板块，纵向串联"国家级孵化器、加速器、众创空间、产业基金、人才实训、公共服务平台"六大创新链条的综合型、一站式、专业化的集成创新平台，成为拥有科技部授予的首批国家级特色产业基地、首批国家级专业孵化器、国家级众创空间、工信部授予的首批国家级中小企业公共服务示范平台等荣誉称号，以及"创业苗圃—孵化器—加速器"创新链条齐全的大连市综合双创旗舰，是大连乃至辽宁省生物技术外包产业的聚集区，也是大连市规模最大的新兴产业加速器集群。

（3）产业孵化方面。双D高科于2014年度、2015年度、2016年度连续三年获评"国家级优秀（A类）孵化器"，是辽宁省仅有的两家之一；2016年荣膺"大连市十佳创业孵化平台"及"大连市十佳公共服务平台"，是大连专业双创服务机构中的唯一"双十佳"单位。拥有包括国家中医药科研三级实验室、华信理化第三方检测服务平台等各类平台、重点实验室总数18个（其中，国家级3个），经认定的技术研究开发机构11个，各类平台、机构的总建筑面积约9 100平方米，拥有通用性强、指标先进的科研仪器和设备300多台（套），已形成开放式、多功能、全链条的创新创业综合服务体系；并由3名国家火炬创业导师牵头，多位领军企业家参与，共同构筑了全要素资源集聚与多层次信息充分汇聚的中心平台。2017年在孵及毕业企业总收入8.38亿元，利润9 612万元，出口3.38亿元，研发投入5 861万元，当年融资9 369万元，拥有专利265件。据统计，公司累计孵化企业140余家，毕业企业114家。其中优秀的代表企业有：金凯（大连）医药科技有限公司，2015年投资3亿元在金普新区松木岛化工园区建厂，项目建成后预计到2020年实现产值10亿元，税收1.2亿元；奇凯医药科技有限公司2010年成立，2年后便在双D港外包中心投资1 000万元建设研究中心，4年后销量翻了50倍，2015年产值就达到1亿元；由国家千人计划专家黄岚博士领军的万春生物技术有限公司，与复星医药集团合作，共同注资1.5亿元研发新药，现公司已获得美国完成二期临床的癌症新药Plinabulin（普那布林）的大中国专利权和市场权，并于2017年3月9日在纳斯达克成功上市。双D高科已建成"创业苗圃→专业孵化器→现代企业加速器→特色产业园区"梯次发展模式。

几年来，双D高科孵化培育的以金凯、奇凯、九信、富乐马等企业为代表的医药CRO集群已初见规模，以汉信疫苗、雅立峰疫苗、科兴疫苗为代表的疫苗研发与生产集群效果显现，珍奥核酸、赛姆生物、雪奥生物、华立金港等一批火炬骨干企业更是以优秀"毕业生"的身份为金普新区生物医药产业发展做出贡献。

（4）企业服务方面。目前，双D高科服务企业总产值近9亿元人民币，2017年有5家企业获评高新技术企业，6家企业获评2017年度创新主体培育专项高企培育库，获评发明专利共72项，2017年为新区培育年营业收入超过200万元的科技型中小企业57家，千万级企业18家，亿级企业3家，培育具备上市条件创新型企业13家，其中活尔生物科技、东方科脉、奇凯医药、拜尔卫姆等7家公司进入上市辅导；华信理化检测、天士力锐朗、权健中药饮片、辽宁和泽生物、雅立峰生物制药等6家公司被上市企业并购。

进入自贸时代，大连开发区集聚了国家级开发区、国家级新区、跨境电商试验区、自主创新示范区、开放型经济试验区、自由贸易试验区多重国家战略，始终处于改革开放最前沿、创新发展最高地。新区、开发区管委会确定了双D高科作为"双自联动"创新发展的政府平台新使命，支持双D高科建设了中国（辽宁）自由贸易试验区大连片区国际双创园暨东北亚青年创业培训基地，通过实施"64111"工程（即：建设六大海外创新中心、四大创新创业基地，形成了一个汇聚全球资源的创新金融中心，打造了一个有国际影响力的双创活动高端品牌，构建了一个全链条的一流创新服务体系），打造大连创新创业创投促进新兴产业发展的升级版、新标杆。

18.2 评估方法

（一）政府部门访谈

2019年4月，多次对大连市政府、开发区管委会进行访谈，深入了解"双创"模式的背景、目标及具体操作规则，从宏观了解创新措施效果，并进行资料、素材的收集。

（二）企业深度访谈

通过对"双D高科"公司的走访、参观，进一步了解企业对创新模式的想法，提出对企业进一步发展的建议，对创新举措进行实地性评估。

（三）专家评价法

邀请技术创新领域的专家，对"双创模式"的创新性及推广难易度进行评价。

（四）调查问卷

结合"双D高科"公司进行孵化培育的企业类型等因素，选取具有代表性的企业进行调查问卷的发放，调查企业对"双创模式"的感知度及满意度，进行深入了解。

通过电子调查问卷发放的方式，共发出238份，收回235份。根据三个标准进行筛选，剔除无效问卷：一是问卷中有缺漏项，影响数据分析的有效性；二是答卷者没有认真填答问卷，例如所有条目都圈选同一分值；三是答卷者在答卷时选择分值有矛盾现象，如同一内容题项，前后选择分值相差太大。根据以上三个标准，筛选出228份有效问卷，有效率为97%。

从企业类型来看，调查结果显示，参与"双D高科"公司"双创"模式问卷调查的企业主要为生物医药企业，超过企业总体的70%；其次是高新技术企业约占17%，如图18-5所示。由此可以看出，生物医药业目前是双D高科公司进行培育孵化的主要对象。

从企业了解度来看，调查结果显示，对于"双D高科"公司推行的双创模式，认为比较了解及以上的企业占据总企业总体的85%左右，如图18-6所示，说明这项措施的实施感知度较高。

生物医药
信息技术
创意文化
其他产业

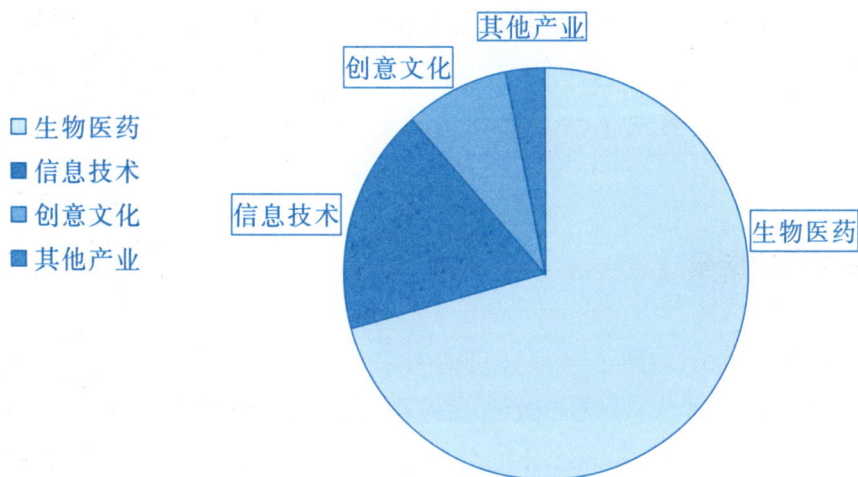

图 18-5　“双创”模式样本企业性质构成

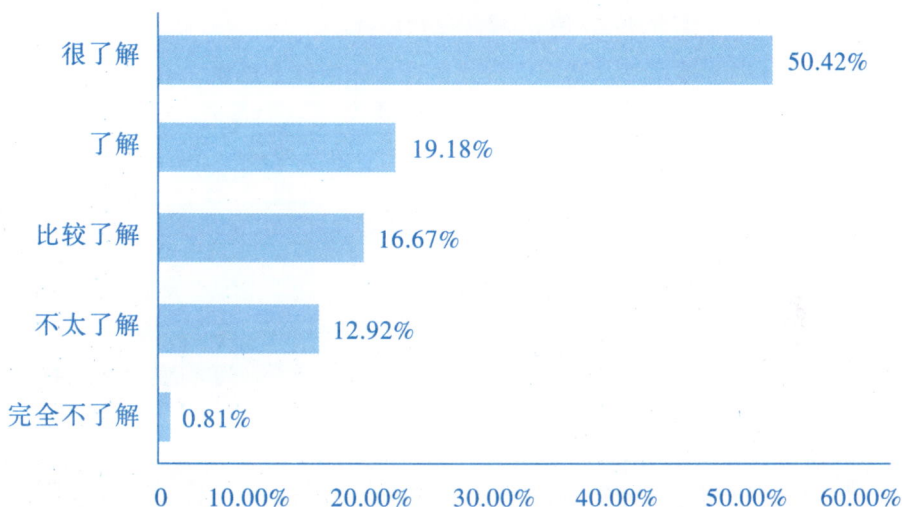

图 18-6　样本企业对“双创模式”的了解程度

很了解　50.42%

了解　19.18%

比较了解　16.67%

不太了解　12.92%

完全不了解　0.81%

0　10.00%　20.00%　30.00%　40.00%　50.00%　60.00%

18.3　创新性评估

创新亮点

　　大连“双 D 高科”公司积极响应大连自贸区创新政策，根据创新创业的核心战略要求，打造出不同于一般孵化企业的创新模式：采用跨部门整合机制划分出四个核心团队；主打"创新孵化"，实行三平台联动机制、四大产业平台齐头并进的创新做法，并取得显著成效，以"双D高科"作为平台进行孵化的企业呈现出数量、质量双增长的良好发展趋势。

专家评价维度

本次评估还采用了专家评价的方法，选取了"国内领先做法、更好满足企业要求、对原有做法改进程度、功能性增强、改变原有流程"五个指标，设定1-5分的分值依次表示从非常不统一到非常同意，邀请了5位专家按照实际情况进行打分评价，并选取平均分值为最终评价值。专家评价分值情况见表18-1：

表18-1   专家对"双创"模式创新型评估打分结果

"双D高科"双创模式	国内领先做法	对原有做法改进程度	功能性增强	改变原有流程	更好满足企业要求	专家评价分值
组织自治及反应能力	5	4	3	4	5	4.2
创新平台建设	5	4	5	5	5	4.8
优秀企业孵化	5	5	5	5	5	5

根据表18-1可以看出，"双D高科"公司的双创模式具有显著创新性，不仅在全国处于比较领先的位置，并且能够更好地满足企业的需求，在优秀企业的成功孵化方面也值得其他孵化企业进行学习推广。

18.4   创新成效评估

双D高科的创新机制从整体上促进了创新创业能力的提升，为双创提供了良好的运营环境。从调研结果来看，样本企业对"三大平台联动机制"带来的成效满意度较高，对于双D高科公司推行的结构组织及平台创新机制，进行孵化的企业认为比较有效果及以上的企业超过95%，只有不足1%的企业认为完全没有效果，如图 18-7 所示。

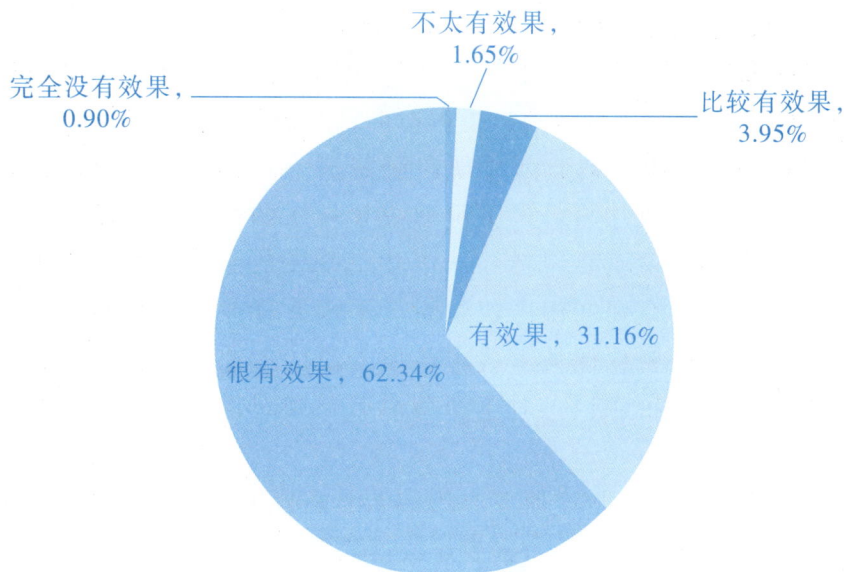

图 18-7 样本企业对"双创模式"的效果评价

18.5 风险评估及防控措施

双 D 高科"双创模式"的发展已经取得了显著成绩，但在做大做强的道路上还应注意对风险的把控，注意事项如图 18-8 所示。

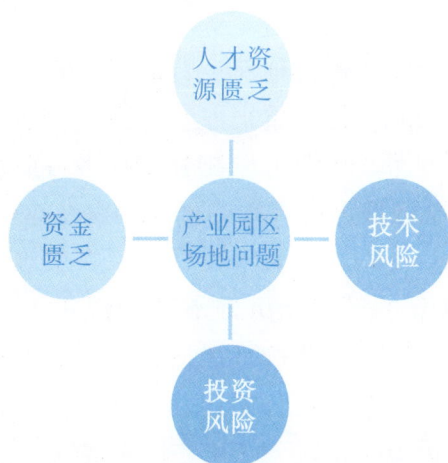

图 18-8 双 D 高科"双创"风险

（1）产业园区场地问题。目前双 D 高科产业公司主要包括三个园区：大连生物医药创新孵化基地、双 D 港创业园以及双 D 高科跨境电商产业园，共占地 20 多万平方米。而这些场地即将面临回租问题，因此产业园区的使用是目前该企业首要解决的一个问题，企业可以在合约期限之前及时进行协商，根据协商结果制订下一步方案。

（2）技术风险。双 D 高科现在涵盖多个高技术产业模块，高新技术项目的孵化成功与否，关键取决于技术的可行性及成熟度。技术方面存在的风险主要包括：从事技术开发的人员水平、成果是否申请专利、是否存在知识产权纠纷等。因此企业在进行新兴企业项目孵化时，首先要保证从事技术研发人员的专业水平，另外企业要提高知识产权保护意识，对于新型成果要及时进行专利申请，避免出现纠纷。

（3）资金匮乏。资金匮乏是限制双 D 高科扩大规模、进行国际化创新的一个重要因素，一方面资金缺乏可能无法带动项目运作，另一方面在项目后续运转过程中，可能会因为资金不足而导致进度延期。同时孵化平台引进的企业规模在一定程度上影响孵化器平台做大做强。因此企业目前应兼顾长短期收益，以发展壮大、进行资本积累为主。

（4）人才资源缺乏。要吸引大规模企业，不仅需要大量的引进资金，同时还需要相关领域的专家。双 D 高科公司本身员工数量较少，将其分散至三个产业园区进行创新运营的工作难度更大。因此企业需要完善用人机制，一方面，要重视专业、高端人才的培养与引进，扩大员工规模；另一方面，企业可以充分发挥平台职能，通过与专业孵化机构高校、知名企业等进行合作、接洽，由专业机构从事专业工作。

（5）投资风险。风险本身对于投资来说在所难免，尤其是孵化器企业更需要大量资金投入才能更好地进行孵化工作。要降低投资风险，企业一方面要对入驻企业进行严格筛查，降低投资风险；另一方面可以将孵化工作与基金投资分割运营，实行股权投资机制，最大程度减小投资带来的风险。

18.6 复制推广评估

◇ **复制推广价值**

大连双D高科公司的"双创"举措,形成了大连市独具特色的科技创业孵化链条。截至目前,双D高科孵化器成功培育年营业收入超过200万元的中小企业56家、千万级企业9家,并拥有国家级技术平台4个,对于推动自贸区发展具有重大意义。

◇ **复制推广所需条件**

(1)作为创新孵化平台,双D高科公司横向覆盖了包含"生物医药、3D打印、跨境电商、集成电路、环保检测、智能制造"在内的六大板块,正所谓"不把所有的鸡蛋放在一个篮子里",这也是其他孵化器企业可以借鉴的,在进行企业孵化工作时要做到风险均摊,避免孤注一掷。

(2)对于孵化型企业来说,其中一个重要部分就是政府的支持,双D高科背负着创新发展的政府平台使命,得到了大连市新区、开发区管委会的大力支持协助,建设了中国(辽宁)自由贸易试验区大连片区国际双创园暨东北亚青年创业培训基地,以低成本促进新兴产业快速发展。在进行孵化器企业的创新发展推广时,当地政府同时要配套出台相应的优惠政策,例如办公补贴、科技成果转化扶持、合理税收政策等,为优化孵化器企业发展奠定基础。

(3)孵化器进行企业招商就像学校招生:生源越好,培养成功的可能性越高。因此,孵化器企业通过多种途径搜寻优质企业,可以选择与当地招商部门、投资机构、高校以及知名企业合作等,进行有力的推广,吸引更加优质的创业资源。

(4)孵化器作为服务型企业,不仅要提供基础的、多方位的服务,对于基础的软硬件设施配置也要足够到位,要能够为创业企业提供真正的创业环境及创业条件。例如:实验室的搭建,引进先进仪器、设备的数量,办公、生活、生产服务等,使创业者更加关注创新活动。

"双创"模式的推广价值、条件及难易度见表18-2。

表18-2　　　　"双创"模式的推广价值、条件及难易度

推广价值	推广条件	推广难易度
◇跨平台互动，提升整体创新能力 ◇整合不同优势，发挥互补作用 ◇组织结构灵活 ◇提高优秀企业孵化成功率	◇分散风险 ◇政府政策支持 ◇优化招商条件 ◇完善基础设施	4.7（易推广）

19 创新案例十九：跨部门跨层级"双随机"联合检查

19.1 案例概况

案例背景

2018年4月，大连市在全国率先出台《大连市人民政府关于深化行政审批制度改革创新事中事后监管体系的实施意见》，在"双随机、一公开"，监管全覆盖的基础上，积极探索建立跨部门、跨层级"双随机"联合检查工作机制。由大连市政府法制办和审改办牵头，以解决"多头多层重复执法"问题为抓手，突破传统监管理念，创新监管方式，打造了跨部门、跨层级联合检查与"双随机"抽查机制有机融合的全新的监管模式，打破了市、区县两级执法层级和各监管部门分段（分责）监管体制，制订并实施联合检查计划，以"双随机，一公开"（即随机选取执法检查人员，随机选取被检查对象，对行政检查结果进行公开）的监管方式，如图19-1所示，对同一市场主体的多个检查事项，原则上一次完成，实现"一次检查，全面体检"。并在具体的工作实践中建立试点推进"三个确保"工作机制，加强组织实施"全程监控"以及改革舆论宣传，切实减轻因多层重复执法、分散检查对市场主体造成的负担。

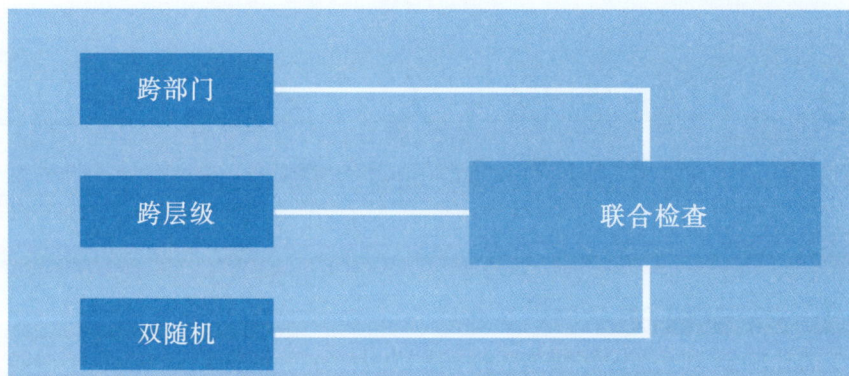

图 19-1　跨部门跨层级"双随机"联合检查新机制

创新亮点

　　跨部门跨层级"双随机"联合检查创新亮点如图 19-2 所示。

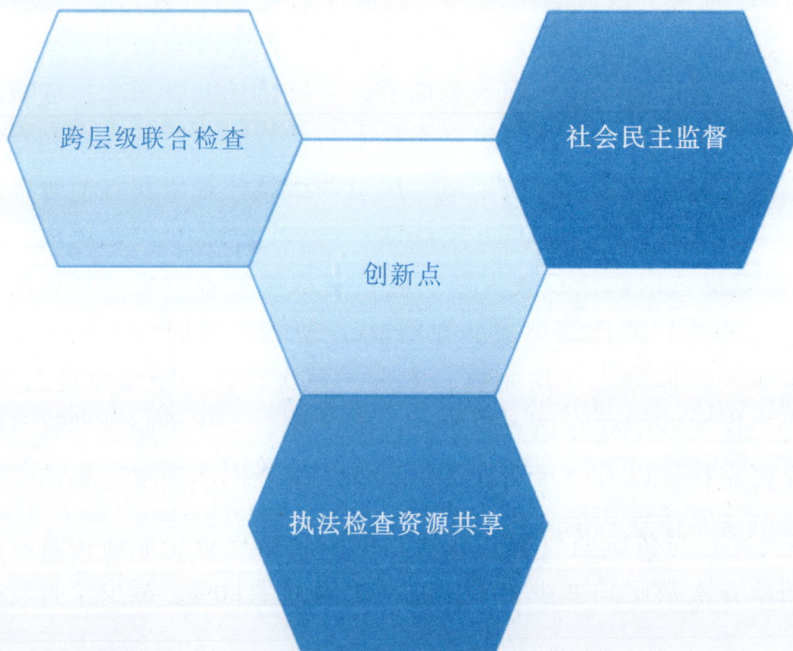

图 19-2　跨部门跨层级"双随机"联合检查创新亮点

◈ 跨层级联合检查。

为进一步深化"放管服"，全国各地纷纷出台了许多创新举措，如浙江、河北等省市建立起了跨部门联合检查的制度。大连市政府在此基础上，进一步创新了跨层级的联合检查制度，由市、县两级改革试点协同推进机制，加强上下协调配合，确保联合检查工作有序推进。

◈ 社会民主监督。

在相关监督管理的部门进行监督的同时，大连市还创新性地建立了社会民主监督机制，由市、区政协委员全程参与、全程监督，确保在检查的过程中能够广纳民意。

◈ 执法检查资源共享。

试点地区和各部门严格按照各自职责分工和法定程序，在同一时间内，依法依规对同一被检查试点企业一次性完成相关行政执法检查，形成各有关部门行政执法检查案卷和相关文书，并在指定时限内装订成卷，报送市政府法制办备案审查，检查结果在指定平台向社会公开。

简要效果

自实行跨部门跨层级"双随机"联合检查新模式以来，大连市先后对畜禽屠宰行业、市场监管领域、安全生产领域的9家企业开展了跨部门、跨层级"双随机"联合检查，每次联合检查平均涉及9个执法部门，涉及中山区、沙河口区、旅顺口区、普兰店市、瓦房店市、庄河市、长海县、金普新区、甘井子区等9个地区的执法检查人员180多人次。与传统监管模式相比，同一个被检查企业迎接政府职能部门的检查次数平均减少89%，迎检时间减少80%。减少了行政执法检查对企业的不必要干扰，有效解决条块分割执法体制带来的多头多层重复执法问题，实现"一次检查、全面体检"。

19.2   评估方法

跨部门跨层级"双随机"联合检查评估方法如图19-3所示。

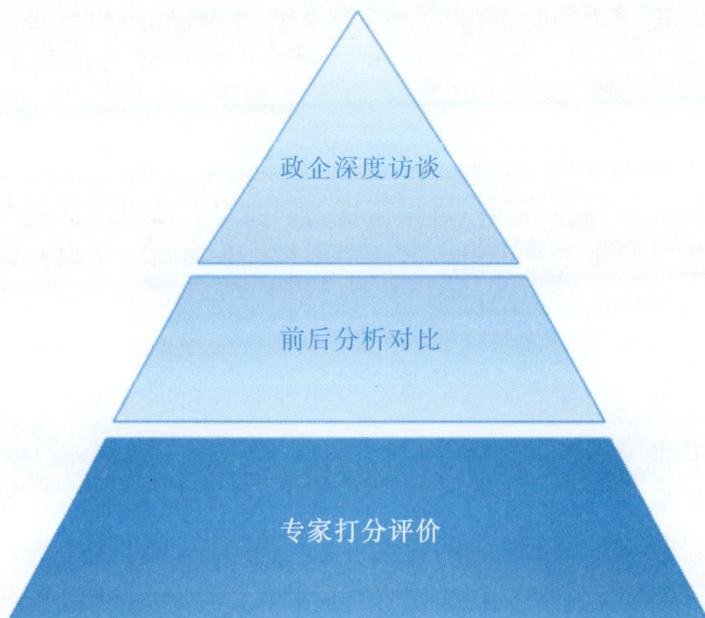

图19-3   跨部门跨层级"双随机"联合检查评估方法

◇深度访谈法。对大连市司法局以及被检企业的相关人员进行深度访谈，了解跨部门跨层级"双随机"联合检查模式创新内容，以及创新后企业的获得感。

◇比较分析法。将创新前后两种模式、操作方法及其优缺点进行比较，分析跨部门跨层级"双随机"联合检查模式的创新性。

◇专家打分法。对各创新分项进行专家打分，通过加权平均法计算总分，分项和总分均以5分为满分。

19.3   创新性评估

针对跨部门跨层级"双随机"联合检查创新模式，从创新前后对比、横向对比、企业感知、专家评价多维度进行创新评估。

前后对比维度

跨部门跨层级"双随机"联合检查新模式创新前后对比见表 19-1。

表 19-1　跨部门跨层级"双随机"联合检查新模式创新前后对比

	监管模式创新前	监管模式创新后
模式	◇各个部门，各个层级分别检查 ◇缺点：多头执法，多层重复执法，造成财力、人力、物力和时间上的浪费	◇跨部门跨层级"双随机"联合检查 ◇优点：减轻了企业负担，提高了执法效能
操作方法	◇监管部门在执法检查中根据各自的监管职责和要求"单打独斗" ◇同样的一项检查事项，市里面查一遍，区里面不同时间又要查一遍 ◇缺点：存在着多层重复执法问题，企业疲于应付，甚至影响了正常的生产经营，意见很大	◇明确试点行业主管部门为牵头部门，明确检查事项、目标等，并向政府有关部门备案 ◇"双随机"的方式确定被检查试点企业及行政执法检查人员 ◇依法依规对同一被检查试点企业一次性完成相关行政执法检查 ◇优点：减少了行政执法检查对企业的不必要干扰，提升政府监管效能最大化，取得了较好的执法成效

横向对比维度

跨部门跨层级"双随机"联合检查新模式创新横向对比见表 19-2。

表19-2　跨部门跨层级"双随机"联合检查新模式创新横向对比

	浙江模式	大连模式
模式	◇各个部门联合检查 ◇建立联合随机抽查对象库和联合执法检查人员名录库，随机确定被检单位和检查人员	◇跨部门、跨层级联合检查 ◇随机确定被检单位和检查人员
不同点	◇建立联合随机抽查对象库和联合执法检查人员名录库，制定联合随机抽查实施细则，合理确定联合抽查方式	◇不仅跨部门联合检查，并且进行了市区两级跨层级的联合执法检查 ◇在联合检查的全过程中，市区两级政协委员监督参与，完善了民主监督

企业感知维度

被检企业纷纷表示，以前每个部门每次检查时，企业都要耗费同样的精力应对，开展跨部门、跨层级"双随机"联合检查后，所有部门一次来，大幅节省企业人力、物力、财力、时间等方面的成本，企业非常欢迎这种检查方式，很希望能够实现常态化、制度化。还有企业提出，在联合检查基础上，希望政府部门多来指导，促进企业正规合法经营，打造"亲清"政商环境。

专家评价维度

跨部门、跨层级"双随机"联合检查是将跨部门、跨层级联合检查与"双随机"抽查机制有机融合的新模式，不仅有效地解决了条块分割执法体制带来的多头多层重复执法问题，而且提升了政府监管效能最大化，取得了较好的执法成效。经专家打分评估，跨层级联合检查新模式的创新性得分为4.92分，社会民主监督为4.88分，执法资源共享为4.90分，创新综合评价得分4.90分，如图19-4所示，跨部门、跨层级"双随机"联合检查新模式创新性显著。

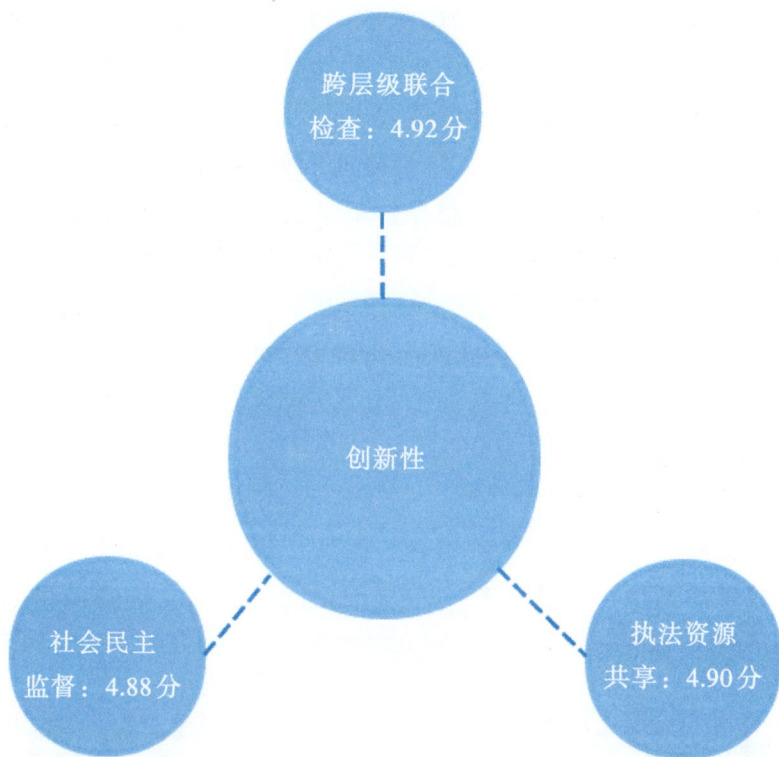

图19-4　跨部门跨层级"双随机"联合检查新模式创新性专家评分

19.4　创新成效评估

主要创新成效

◇进一步提高执法效能。长期以来行政部门的条块分割管理方式，造成了"多头执法、各扫门前雪"的局面。大连市政府认为政府部门要学会换位思考，从企业视角来看各种监管执法行为，创新性地开展跨部门、跨层级"双随机"联合执法检查试点工作。通过一次性联合执法检查，完成同一监管对象的多层级、多部门、多个检查事项，使政府监管效能最大化，提高了政府的执法效能。

◇进一步减轻企业负担。在实行了跨部门跨层级"双随机"联合检查新模式之后，其受到了企业的广泛好评。例如位于大连市中山区的海尊智选假日酒店，日前就接受了由市场监管、物价、文化、旅游、公安、环保、消防等9个部门组成的联合执法检查组的执法检查。执法人员在大连市政府法制办、审批改革办、督察室及政协委员监督下，按照"共同参与、统一行动、分头执法"原则，对企业的市场主体资格、餐饮服务、价格行为、公共场所卫生等8个方面共11项内容进行检查。不到两个小时，检查结束。酒店负责人表示："以往是各部门分头检查，我们要频频应付。这次联合检查，大大减轻了企业负担。"

◇减少了权力寻租的空间。开展联合执法时，由多个执法部门和执法人员同时对被检单位的检查，改变了以往检查人员与被检查单位单独接触的情况，减少了权力寻租的空间，提高了检查结果的可信度和公正性。

19.5　复制推广评估

◇复制推广价值

跨部门跨层级"双随机"联合检查新模式不仅在一定程度上解决了当前存在的监管盲区，跨越信息鸿沟、部门壁垒、层级障碍，还能一定程度上实现监管的科学、高效，体现了监管的精准性、系统化和民生导向，有利于职能部门依法履职，并且减轻了企业的负担，极大地优化了营商环境，具有极大的推广价值。

◇复制推广所需条件

跨部门跨层级"双随机"联合检查新模式所需要具备的复制推广的条件是要有一个专门的协调部门来牵头，整合各个部门和各个层级的行政人员，按照试点方案要求，协调各监管部门制订联合检查工作计划，明确检查事项、目标、程序、方式等，并向政府有关部门备案。

20 创新案例二十：建立六项制度构建协商共赢的劳动关系

20.1 案例概况

案例背景

　　大连金普新区由原大连经济技术开发区、金州区、保税区、普湾新区合并而成，企业总数约5万家，其中外资企业近5 000家，工会会员人数45万。大连金普新区总工会从新区外资企业多、劳动密集型企业多、青年务工人员多，企业管理难、关系协调难、矛盾解决难这"三多""三难"的劳动关系特点（如图20-1所示）出发，坚持"促进企业发展、维护职工权益"理念，创新形成的区域协商、外企联络、策略培训、咨询指导、民主决策、主席保护协调劳动关系六项制度。通过建立健全六项制度，充分发挥企业工会、外企联合会、区域工会作用，推动劳动关系双方协商共事、机制共建、效益共创、利益共享，群体性劳资矛盾逐年下降，维护了区域劳动关系的和谐稳定。

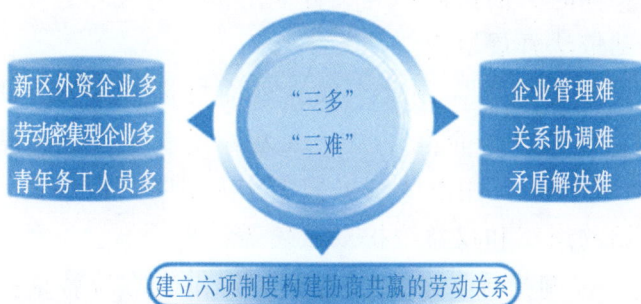

.图20-1　劳动关系特点："三多""三难"

创新亮点

"建立六项制度构建协商共赢的劳动关系"创新亮点如图20-2
所示。

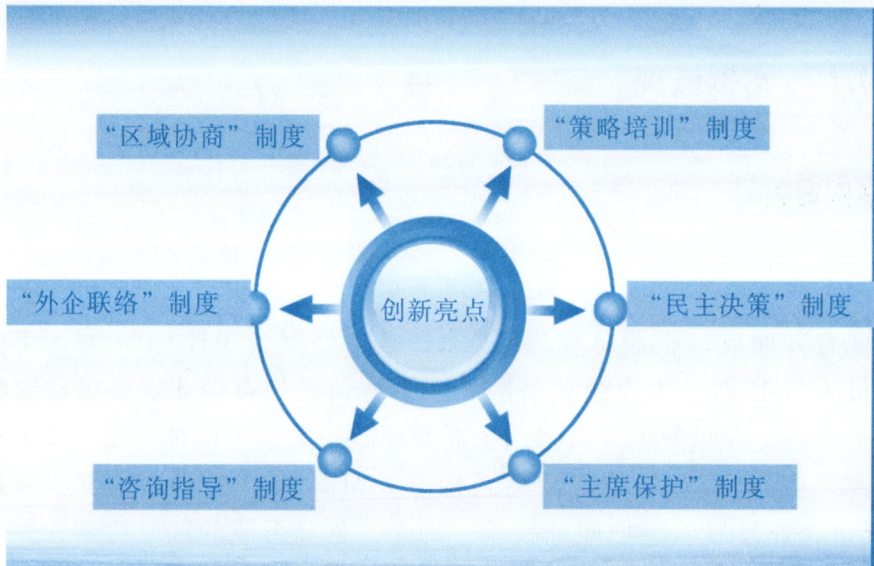

图20-2　"建立六项制度构建协商共赢的劳动关系"创新亮点

◇ 开展"区域协商"制度。由区总工会出面代表全区外企工会
与外企商会组织代表进行多轮沟通，就下一年度工资调整相关事宜通
报情况、交换意见、达成共识，确定当年工资集体协商的指导标准和
指导性意见。同时，面对面指导、分期培训，并发布当年工资协商参
照标准，推动依法开展协商。

◇ 建立"外企联络"制度。成立外商投资企业工会联合会，由
区总工会副主席担任外企联主席，大型外企专职工会主席担任副主
席，下设9个工作站，并由区总工会工作人员担任联络员，实现区总
工会和工作站的组织和权益维护双重覆盖。

◇ 建立"咨询指导"制度。为职工提供全方位咨询指导，建立
微信公众平台，随时向全区职工推送协商知识，提供政策咨询等服

务；建立工会QQ工作群，提供专业律师答疑解惑。此外，区总工会法援中心常设信访和法援窗口、职工维权热线，拥有150多人的法律援助志愿者队伍，调处成功率为100%。

◇ 建立"策略培训"制度。新区总工会为企业工会提供精准服务和提升其协商能力，建立专家指导员队伍，邀请外企高管定期为企业工会授课，让企业工会主席能看懂企业的财务报表，摸清谈判区间。

◇ 建立"民主决策"制度。新区总工会健全企业民主决策制度，完善以职工代表大会为基本形式的企业民主管理制度；推进厂务公开制度化、规范化，全面推行厂务公开制度，进一步提高厂务公开建制率。同时，还完善了集体协商与民主管理工作竞赛机制推动集体协商工作不断提质增效。

◇ 建立"主席保护"制度。新区总工会为解除企业工会主席后顾之忧，建立了"三有机制"，即换届选举有监督，履行职责有后盾，被免离职有说法，确保不让一名优秀企业工会主席遭受不公正待遇。

简要效果

通过大力推动集体协商制度，大连金普新区集体协商工作取得明显成效，区域劳资矛盾显著下降，劳动关系和谐稳定。2011年至2018年，金普新区企业职工年平均工资涨幅9%。新区集体性劳动争议逐年下降，近五年来未发生因工资集体协商引发的群体性劳动争议事件，2019年获评全国模范劳动关系和谐工业园区。

20.2 评估方法

（1）政府部门访谈

多次重点对大连金普新区总工会进行访谈，深入了解推行"建立六项制度构建协商共赢的劳动关系"的背景、目标及操作细则，从宏观层面了解落实效果，并收集相关资料和案例素材。

（2）企业深度访谈

走访多种类型的企业，尤其外资企业，例如佳能大连办公设备有限公司和日本电产（大连）有限公司，听取企业对"建立六项制度构建协商共赢的劳动关系"的了解度和满意度，以及企业对该政策进一步实施的建议，从区域劳动关系发展需要的角度对创新措施的落地性进行评估。

（3）专家评价法

邀请劳资关系领域的专家，对"建立六项制度构建协商共赢的劳动关系"的创新性和推广难易度进行打分评价。

20.3　创新性评估

针对制度创新后的政策，对比原有政策，利用专家评价法，以是否国内领先做法、对原有做法大程度改进、功能性增强、改变了原有流程、更好地满足劳资双方要求为指标，1–5分的分值表示从非常不同意向非常同意依次渐进，请5位专家按照实际情况打分，取平均分为最终的专家评价分值。

通过专家评价分值可见，"区域协商"制度、"外企联络"制度得4.8分，"咨询指导"制度、"策略培训"制度、"民主决策"制度得4.6分，"主席保护"制度得4.7分，表明创新性高，见表20–1。该政策的推行进一步提高了职工协商的意识和能力，有助于稳定区域劳动关系。与制度创新前相比，具有明显制度优势。

表20–1　"建立六项制度构建协商共赢的劳动关系"制度创新前后对比

	制度创新前	制度创新后	专家评价
区域协商	企业工会势单力薄，独自解决劳动关系问题，工作基础薄弱，众多零星分散的小企业职工维权较难	新区总工会不断总结经验，首先深入企业调研，把握全区劳动关系态势；其次兼顾劳资双方利益，确定区域工资调整参考标准；最后对全区企业工会进行面对面指导，推动双方依法协商	4.8

	制度创新前	制度创新后	专家评价
外企联络	企业工会缺乏指导外企工会工作，协调外企劳动关系的专门组织，对外企工会难以有效覆盖	成立外商投资企业工会联合会，首先实现组织覆盖以强带弱；其次定期开展例会通报工作；最后进行调查研究科学研判，发现问题及时解决	4.8
咨询指导	企业职工对于集体协商的认识比较肤浅，基层协商意识薄弱，缺乏一双"法律的慧眼"，员工不善于也怯于协商	新区总工会为职工提供全方位的咨询指导，首先建立微信公众平台，向全区职工推送协商知识；其次建立工会QQ工作群，提供政策咨询交流服务；最后完善区总工会法律援助中心	4.6
策略培训	遇到经济结构转型升级过程中出现的企业破产关闭、兼并重组、订单转移等问题时，职工方不了解行业知识，缺乏协商技巧，搞不清相关法律政策，协商能力较弱	总工会致力于为企业工会提供精准服务和提升其协商能力，首先邀请外资企业中方高管授课；其次建立"法律咨询日"制度；最后邀请调处劳动关系专家进行依法维权知识方面的宣传教育	4.6
民主决策	部分企业的集体协商往往是走形式，即使是进行集体协商的企业，也是以工会主席的个人协商所代替，而没有真正通过规范的集体协商来处理。这种由于双方缺乏认真、充分、平等的协商，作用不明显，导致企业协商制度存在形式化问题	新区总工会推进企业民主管理，落实涉及职工切身利益的重大事项依法履行民主协商，首先规范职工代表大会权责；其次规范落实厂务公开制度；最后完善集体协商与民主管理工作竞赛机制	4.6
主席保护	工会主席在经济利益等方面受制于雇主，工会主席在夹缝中生存，在员工权益诉求和维护时往往用"失语"作为其最明智的选择，据理力争之余，往往有砸自己"饭碗"等很多后顾之忧	金普新区总工会确保企业工会主席在维护职工权益中能够敢于作为，建立主席保护制度"三有机制"切实解决其后顾之忧，即换届选举有监督；履行职责有后盾；被免离职有说法	4.7

20.4　创新成效评估

主要创新成效

◇ 职工工资平稳有序增长。通过大力推动集体协商制度，大连金普新区集体协商工作取得明显成效。目前，新区90%的建会企业建立了集体协商和民主管理等各项制度。2011年至2018年，金普新区企业职工年平均工资涨幅9%。

◇ 区域劳动关系日趋稳定。金普新区集体性劳动争议逐年下降，近五年来未发生因工资集体协商引发的群体性劳动争议事件，2019年获评全国模范劳动关系和谐工业园区。

◇ 集体协商得到企业和职工双方认可。集体协商议题从工资、福利待遇拓展到企业转型中的职工安置方案等涉及职工切身利益的重大事项，新区集体协商工作得到了地方党政、外商企业和职工群众的广泛认可，外企管理层对工会地位作用认识显著提高，广大职工对工会组织的认可度信赖度不断提升，工会组织在企业的吸引力和凝聚力不断增强。

"建立六项制度构建协商共赢的劳动关系"主要创新成效如图20-3所示。

图 20-3　"建立六项制度构建协商共赢的劳动关系"主要创新成效

20.5　风险评估及防控措施

大连金普新区建立"区域协商、外企联络、策略培训、咨询指导、民主决策、主席保护"六项制度，旨在维护区域劳动关系的和谐稳定，目前尚未发现明确风险，但对工会维权服务工作有较高要求。

20.6　复制推广评估

◇ 复制推广价值

六项制度构建协商共赢劳动关系的推行提高了职工集体协商的意识和能力，有效减少了因工资分配问题引发的劳动纠纷和利益矛盾，把劳动者的利益诉求纳入理性合法的轨道，有利于促进劳动关系双方理解沟通、真诚合作，是建立规范有序、公正合理、互利共赢、和谐稳定的劳动关系，创建劳动关系和谐企业，构建和谐社会的重要基础，受到企业和职工双方的广泛认可与好评，具有较大的推广价值。

◇ 复制推广所需条件

"建立六项制度构建协商共赢的劳动关系"作为协调劳动关系的一项重要创新举措，示范力和辐射力较强。为评价其推广难易度，运用专家评价法，以推广价值大、实施壁垒低、推广条件的可获性为指标，1-5分的分值表示从非常不同意向非常同意依次渐进，请5位专家按照实际情况打分，取平均分为最终的专家评价分值，得分越高表示越容易推广。经专家评价，推广难易度得分为4.7分，为较易推广。

"建立六项制度构建协商共赢的劳动关系"复制推广评估结果见表20-2。

表20-2　　"建立六项制度构建协商共赢的劳动关系"复制推广评估

推广价值	推广条件	推广难易度
◇提高职工集体协商意识和能力 ◇区域劳资矛盾显著下降，企业和职工满意度高 ◇维护社会劳动关系和谐稳定	◇总工会与各单位协调合作 ◇对工会工作人员素质要求较高 ◇依托信息化平台	4.7（较易推广）

21 创新案例二十一：国际贸易单一窗口"通关+物流"服务体系

21.1 案例概况

案例背景

在国际贸易中，贸易公司通常按照进口、出口和转口相关的监管规定编制大量资料和单证提交给政府主管机关，这些资料和单证必须经由不同机构提交，且每一个机构都有各自专门的系统和书面格式。由于要求名目繁多加上相应的合规成本，给政府和企业构成了一系列负担，也成为国家对外贸易的障碍。解决这一问题的途径之一就是建立国际贸易"单一窗口"，即贸易相关资料或单证只需一次性地在单一登记处提交，就可以达到资料的可用性和可操作性，使市场和政府之间的信息流更为畅通和简便，并能使相关数据在政府不同部门各个系统间共享。涉及跨境贸易的各方都会从这一便利化措施中获利，不仅能提高政府监管效率，还能改善资源的利用效率，从而降低政府和贸易商的成本。

21.2 评估方法

国际贸易单一窗口"通关+物流"服务体系的评估方法如图21-1所示。

企业深度访谈 → 对比分析法 → 专家评价法

图21-1 国际贸易单一窗口"通关+物流"服务体系的评估方法

◇ **企业深度访谈**

大连口岸自2017年10月10日启动国际贸易"单一窗口"试点以来，口岸查验单位和国际贸易单一窗口"通关+物流"服务体系的客服人员选取50余家重点企业进行走访，深度了解系统使用情况，因地制宜地为企业提供技术支持。

◇ **对比分析法**

通过将使用国际贸易单一窗口"通关+物流"体系前后两种模式、操作方法及其优缺点进行比较，分析该模式的创新性以及后续的复制推广价值（如图21-2所示）。

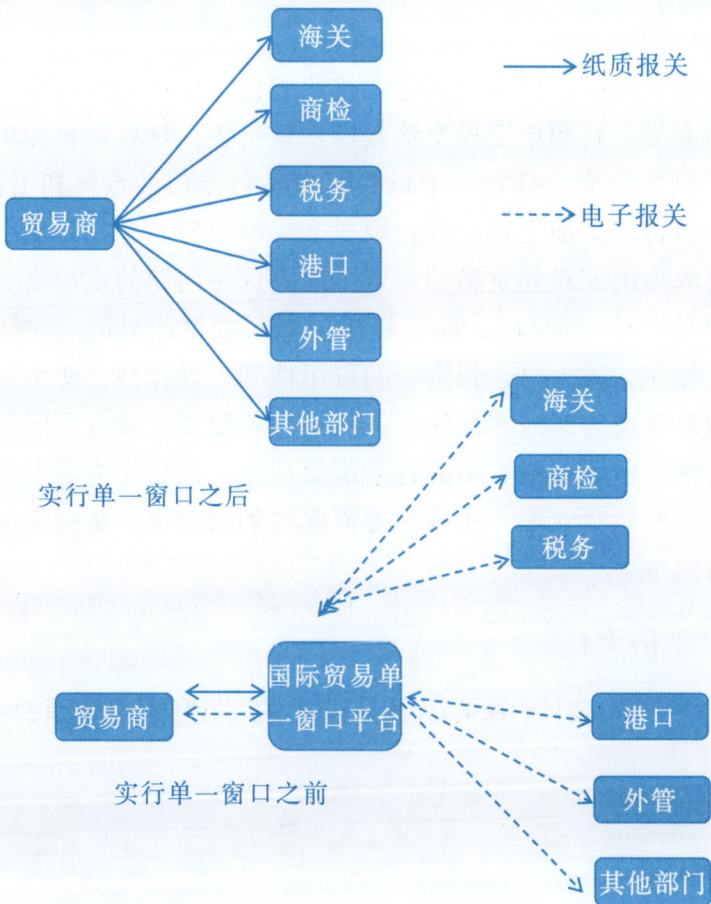

图21-2　实施国际贸易单一窗口"通关+物流"服务体系前后对比

◇ **专家评价法**

邀请国际贸易领域的专家，对国际贸易单一窗口 "通关+物流" 服务体系的创新性和推广难易度进行打分评价，经专家评议认为，该案例降低通关成本分项打分4.69分；缩短通关时间分项打分4.91分；减轻企业负担分项打分4.79分；提升满意度分项打分4.92分；优化营商环境分项打分4.85分，如图21-3所示，该案例创新性综合评价得分4.83分。大连国际贸易 "单一窗口" 服务管理模式的创新性较为突出。

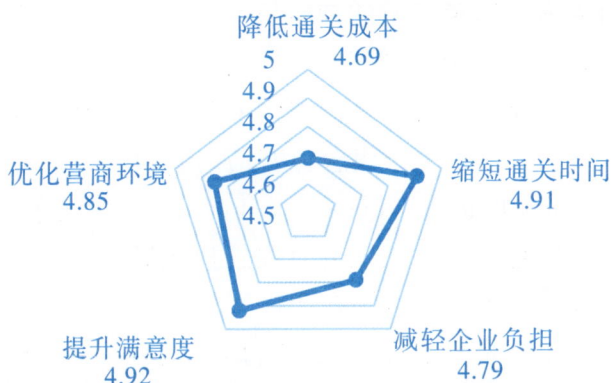

图21-3　国际贸易单一窗口 "通关+物流" 服务体系专家评价法

21.3　创新性评估

创新亮点

国际贸易单一窗口 "通关+物流" 服务体系的创新亮点如图21-4所示。

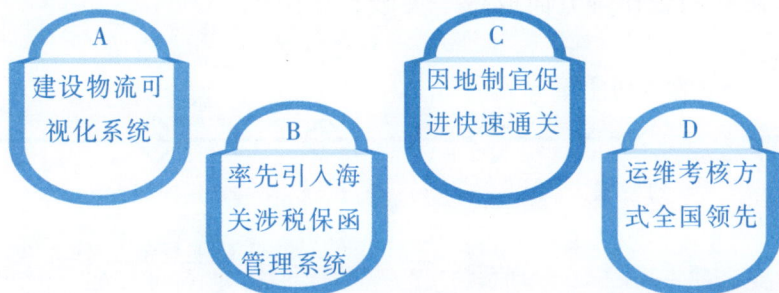

图21-4　国际贸易单一窗口 "通关+物流" 服务体系的创新亮点

◇ 建设物流可视化系统。

为精准把控大连口岸物流供应链运行情况，使物流运转变得公开、透明、可预见，大连国际贸易单一窗口"通关+物流"服务体系建立了数字化可视系统，通过展示屏实时展示货物、船舶的申报情况，跟踪船舶的实时动态，实现大数据分析，大大提高了通关的效率，并能及时发现推广过程中的问题，做到快速响应、精准施策，迅速解决通关过程中存在的难题。

◇ 率先引入海关涉税保函管理系统。

大连国际贸易单一窗口"通关+物流"服务体系通过保函管理系统的应用，实现了保函由纸质验核到线上验核的转变，属于全国领先的改革创新举措，开启了关企银合作互信的新模式，推动了"单一窗口"申报数据标准化的进程，进一步提升了大连口岸通关效率。

◇ 体现地方特色功能，因地制宜促进快速通关。

大连国际贸易"单一窗口"在积极完成国家标准版基本功能建设以及对接空运舱单申报、船舶申报（舟山模式）等国家标准版9项基本功能的同时，还创建了体现地方特色的18项应用服务功能，如跨境班列运输申报、国际邮轮申报等特色通关监管功能，港区查验预约、检疫处理预约等特色物流功能，数据统计分析等特色数据服务功能，以及涉税保函办理、归类智能导航、平行进口车等特色应用服务功能。此外，还实现了与辽宁自由贸易试验区三个片区行政服务单一窗口的对接，并提供专区特色应用服务，进一步优化了"三互"大通关服务，在关检"三个一"、废纸、稻草等专项货种监管信息共享、验核封志互助合作等方面取得了突破，如图21-5所示。

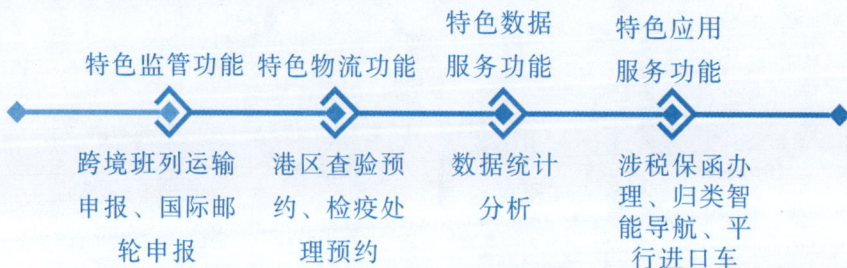

图21-5　国际贸易单一窗口"通关+物流"服务体系的地方特色

◇ 运维考核方式全国领先。

辽宁省是全国首家制定发布 "单一窗口" 运行管理考核办法并采用技术手段进行量化考核的省份。考核结果以数据形式形成评估报告，并以辽宁省通关（电子口岸建设）建设工作领导小组文件形式报国家有关部委、省政府及相关建设成员单位，及时反映相关情况。

21.4　创新成效评估

国际贸易单一窗口 "通关+物流" 服务体系创新成效评估如图21-6所示。

图 21-6　国际贸易单一窗口 "通关+物流" 服务体系创新成效评估

中国（辽宁）国际贸易 "单一窗口" 标准版推广成效显著。2017年中国（辽宁）国际贸易 "单一窗口" 圆满完成了国家口岸办要求的应用量目标，报关、报检、运输工具和舱单覆盖率分别达到40%、100%、100%和89%（2017年12月28日数据）。国务院考核的4项申报指标全部达标，综合覆盖率在全国沿海省市中排名第2位。"单一窗口" 注册企业4 878家，注册用户12 538个。国家口岸办主管 "单一窗口" 工作的韩坚副主任多次对辽宁省采取有效的推广措施和短时间内取得的成效给予表扬；国家口岸办连续两周在每天发布的通报里肯定了辽宁省的推广措施。2018年，根据《国家口岸管理办公室关于开展 "单一窗口" 标准版空运舱单申报功能试点运行工作的通知》（国岸函〔2018〕42号)文件精神，辽宁被国家列入首批试点省份，按照《关于中国（辽宁）国际贸易 "单一窗口" 空运舱单申报功能试点实施方案》要求，自4月8日起，率先在大连、沈阳两地开展标准版空运舱单申报功能试点工作。截至目前，大连口岸关检融合统一申报、船舶申报、空运舱申报基本实现100%覆盖。

◈地方特色服务功能契合企业需求。在体现地方特色的18项应用服务功能中，大连港"单一窗口"保函管理系统的应用，属全国领先的改革创新举措，实现了保函由纸质验核到线上验核的转变，开启了关企银合作互信的新模式，不仅推动了"单一窗口"申报数据标准化的进程，也进一步提升了大连口岸通关效率；"国际邮轮申报及快速通关系统"将单人次入关时间从之前的30秒降至3~5秒，大大压缩了旅客通关时间。

自贸专区功能"接地气"。国际贸易"单一窗口"自贸专区的"海关归类智能导航"系统，为企业提供智能引导，被企业申报人称为"申报利器"；数字化可视系统可以通过展示屏，实时展示货物、船舶申报情况，跟踪船舶实时动态，实现大数据分析等，有利于及时发现通关过程中存在的问题，并进行快速响应和精准施策。

21.5　风险评估及防控措施

中国（辽宁）国际贸易"单一窗口"服务管理模式创新，需要多部门联合，建立跨部门、跨层级的协同工作机制。如有任何一个部门不主动作为、勇挑重担，"单一窗口"建设效果将大打折扣。防控措施为：各级政府要自上而下地高度重视"单一窗口"建设、完善及推进工作；定期组织召开"单一窗口"专题工作会议；借助微信平台组成联合工作组；建立"日通报、周小结"的工作机制；建立应急处理和容错纠错等工作机制，第一时间解决企业各类问题；在技术、客户服务、培训、走访及运维等方面，为"单一窗口"建设和完善，提供全方位的保障。

21.6　复制推广评估

◈复制推广价值

中国（辽宁）国际贸易"单一窗口"服务管理模式，在全力对接国家标准的基础上，充分满足地方业务特色，有效降低了企业通关成本、缩短了企业通关时间、减轻了企业负担，为企业进出口通关环节提供了便利，是落实国务院工作部署、提升口岸贸易便利化水平、优化营商环境的重要举措，也是制度创新成果的体现，具有较大的复制推广价值。

◇ 复制推广所需条件

中国（辽宁）国际贸易"单一窗口"服务管理模式的复制推广，需要各地政府高度重视，自上而下、主动作为地创新工作体制机制，参照中国（辽宁）国际贸易"单一窗口"的地方特色功能和自贸专区功能，全力推进本地区"单一窗口"的建设、完善及推广工作，同时需要相关部门在技术、客户服务、培训、走访及运维等方面提供全方位保障。

22 创新案例二十二：开设"马上办"服务专线

22.1 案例概况

案例背景

企业是经济发展的生力军，回应企业诉求是政府的首要任务。为深入贯彻落实习近平总书记和省委省政府、市委市政府关于优化营商环境、解决企业"办事难"问题等工作部署，大连金普新区于2018年7月24日开设金普一号"马上办"专线。金普一号"马上办"专线是金普新区融媒体中心落实党工委管委会营造一流营商环境工作部署，在宣传部的领导下，利用山东广播电视台轻快云平台开发建设的政务类手机APP，专门受理、回应企业的各类诉求，解决企业困难。该平台与政府部门的受理、承办、督办机制融为一体，作为金普新区优化营商环境的重要载体，生动诠释了政府部门积极转变工作作风、以"店小二"精神为企业服务的深刻变化。"马上办"服务专线，作为优化营商环境的重要载体，打通企业办事"堵点"，重塑服务流程，建立解决问题新机制，形成政府工作新思维，着力打造国际一流营商环境。

22.2 实施方案

"马上办"诉求办理工作流程包括诉求收集、诉求分拨、诉求承办、诉求催办、办理审核、问效问责六个程序，其中，承办时限自"金普一号'马上办'专线工作群"内发布通知时间起计算，具体如图22-1所示。

新区宣传部、新区市民诉求服务中心收集诉求，于每个工作日下午3点前交到新区营商办，新区营商办负责筛选并确定诉求事项的受理范围

新区营商办负责，同时起草印制《金普一号"马上办"专线办理情况交办表》并通知承办单位领取

1个工作日内联系企业联系人进行沟通，3个工作日内对诉求内容完成调查核实并答复办理结果，5个工作日内向管委会提交专题报告

对紧急、重点的诉求件进行催办，及时了解掌握事项办理进展情况，督促承办部门按期办结

新区营商办对承办单位提交的《反馈表》进行审核，包括承办单位是否认真核实、是否有效解决问题、诉求企业对办理结果是否满意等

新区营商办负责定期对承办的诉求事项按办理情况进行分析汇总，形成专报和通报

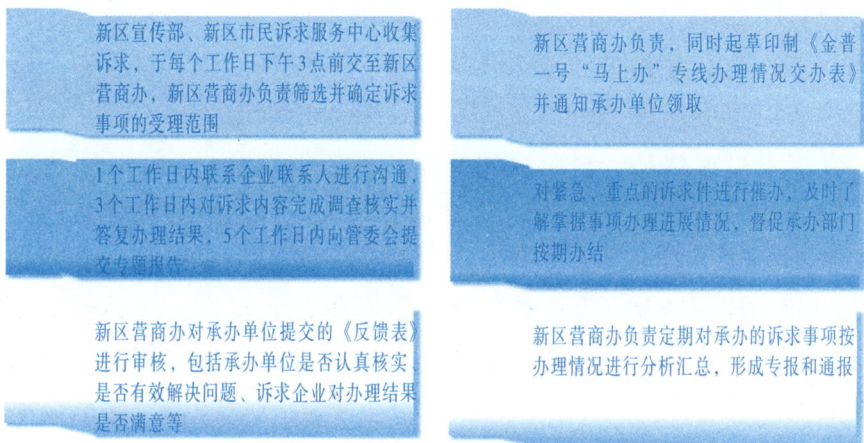

图22-1　"马上办"诉求办理工作流程

主要做法

◇ "单一窗口"对接企业诉求

"马上办"专线设热线电话和手机APP客户端两个诉求渠道。企业通过专线反映的诉求，由新区营商办于每个工作日第一时间初审后，向责任部门分拨，责任部门1个工作日内联系企业，3~5个工作日内对诉求内容完成调查核实，提出处理意见。涉及多部门的或重大事项，将由管委会组织予以协调处理。

◇ 主动走访企业梳理问题

通过走访和组织相关企业召开座谈会的形式，对市政设施、交通运输、物业管理等8个方面40多个权责不清的问题进行了梳理，并制订《金普新区关于加强金普一号"马上办"专线等诉求办理工作的实施方案（试行）》。对历史遗留问题，在依法依规的前提下对症施策，推动问题尽快、妥善解决。

◇ 配套出台专门的督办机制

制定出台《金普新区诉求办理工作评星办法（试行）》，新区诉求中心对"马上办"专线等平台的诉求逐一进行回访，对各承办的单位办理的诉求件进行评星考核。以《督查专报》的形式，向排名靠后

单位通报工作中存在的问题。对于在办理工作中出现的推诿扯皮、不担当、不作为、乱作为的单位和人员将公开曝光。情节严重的，按相关程序予以追责问责。

◇ **探索形成规范、科学、快捷的长效工作机制**

对企业反映的共性问题，及时总结经验。将《民心网民意诉求和网络回应办理工作细则》《大连市政府12345市民服务平台投诉举报办法》和上述《方案》《办法》等编印成册，下发给全区诉求工作专干并进行培训，加快推动诉求办理工作的规范化，加强部门之间的沟通和相互协作，及时发现、纠正工作中出现的各类问题，探索形成更加科学、快捷、长效的工作机制。

22.3　创新性评估

大连金普新区开通"马上办"专线以来，服务更优质惠民，审批体系更完善，办事更有效率，管理更科学精益，多次受到中央及省、市各级媒体关注和报道。为了进一步方便外资企业和外商向"马上办"专线反映诉求，畅通服务企业"最后一公里"，专线又新增英、日、韩多语种服务说明，受到中外企业的广泛好评。具体见表22-1。

表22-1　大连金普新区开通"马上办"专线创新前后对比

项目	改革创新前	改革创新后
诉求渠道	12345、民心网	金普一号"马上办"专线电话和APP
工作原则	未落实到人	"谁主管、谁负责"；依法，及时，有效
工作流程	复杂、冗余	包括诉求收集、诉求分拨、诉求承办、诉求催办、办理审核、问效问责六个程序
工作效率	效率低下 民心网诉求渠道需要30个自然日回复	办理力度更大，工作效率提升75%，提出"1个工作日沟通""3~5个工作日内答复"等措施，企业满意度高
事后监管	管理难，程序复杂	重大事项由新区管委会主要领导专门协调督办，对不作为、不担当的单位和人员予以曝光或追责问责

22.4   创新成效评估

金普新区融媒体中心开发建设的金普一号"马上办"专线，荣获年度政务服务贡献媒体奖。这也是金普新区融媒体中心在"新闻+政务"领域获得的首项殊荣，为基层融媒体中心如何更好地服务地方党委、政府中心工作提供了范例。

专线工作启动以来，金普新区各单位、各部门"谋事合心、做事合力、成事合手"的工作思路越来越深入人心。金普一号"马上办"专线自 2018 年 7 月 25 日上线以来，已接到企业的各类诉求 400 余件，反馈办结率超过 95%。

22.5   风险评估及防控措施

金普一号"马上办"专线极大地方便了企业、居民诉求的表达和回应，是政府职能转变的最直接体现，对于提升行政效率和满足广大企业、居民的生产生活具有重要的现实意义，该案例进行推广无潜在风险。

22.6   复制推广评估

◇ 复制推广价值

聚焦企业反映突出的办事难、办事慢、多头跑、来回跑、"一长四多"等问题，大连市金普区开设"马上办"服务专线，切实优化营商环境，增强政府公信力和执行力，大幅提高公众满意度，深入践行"马上就办、办就办好"的工作作风，积极主动、快速高效地解决企业诉求，助力企业做大做强、健康发展。鉴于其简单易行、价值高等特性，该方案可在全国复制推广。

◇ 复制推广所需条件

大连市金普新区开设"马上办"服务专线，已取得良好的运行效果，程序清晰，办理力度大。其复制推广可在较为完善的事后监管条件下进行，体现出权责明确、扎根企业需求的特征。重大事项由新区管委会主要领导专门协调督办，对不作为、不担当的单位和人员予以曝光或追责问责。

23 创新案例二十三：知识产权仲裁创新

23.1 案例概况

案例背景

为了更好地推进辽宁自由贸易试验区大连片区发展，完善知识产权保护体系，优化自贸区法治化、国际化营商环境，发挥仲裁法律制度解决知识产权纠纷的专业、高效、保密独特优势，经大连仲裁委员会和中国（辽宁）自由贸易试验区大连片区建设工作领导小组办公室（以下简称：市自贸办）充分协商，于2018年7月26日在辽宁自由贸易试验区大连片区设立大连知识产权仲裁院。

大连知识产权仲裁院的主要工作职责是：依据大连仲裁委员会的授权，受理著作权、商标权、专利权及其他知识产权合同纠纷，并根据相关仲裁规则组织审理并作出裁决；对无仲裁协议的著作权、商标权、专利权及其他知识产权合同纠纷进行调解，根据当事人需求制作仲裁文书；提供涉及知识产权合同纠纷的法律咨询服务；在知识产权领域开展仲裁法律制度宣传推行工作，普及和提高相关市场主体的仲裁法律意识。

23.2 创新亮点

大连知识产权仲裁院是大连仲裁委员会在知识产权领域特设的专业分支机构，是辽宁省第一家解决知识产权纠纷的专门仲裁机构。标志着我市知识产权保护体系进一步向国际化、多元化、专业化迈进，是提升大连市区域软环境、软实力的创新举措，如图23-1所示。

探索知识产权制度

多方联动，
凝集化解争议合力

开设绿色通道，延伸仲裁服务领域

建设符合大连自贸区的知识产权保护平台

组建高素质人才队伍

图 23-1　创新亮点图解

（一）开设绿色通道，延伸仲裁服务领域

大连知识产权仲裁院设立后，打破受理案件须事先订立仲裁协议限制，只要双方当事人自愿或一方提出申请，调解中心即可受理。根据大连地域特点和仲裁专业优势，方便外地在连企业解决纠纷，在辽宁省外设立多个仲裁调解工作室，不断搭建调解工作网络。随着大连自贸区法庭、知识产权仲裁院投入运行，商事调解机构加快入驻，大连自贸片区多元化争议解决机制初步形成。

（二）探索知识产权制度

邀请国内顶尖的知识产权学者、知识产权战略专家、知识产权专业律师莅临演讲，介绍目前知识产权方面的发展趋势，指导企业提高自贸区内企业知识产权意识，运用仲裁方式维护自身合法权益；对在合同签订中如何规避可能出现的知识产权纠纷风险进行交流、探讨。知识产权纠纷专业性强，保密性要求高，选择专家型仲裁员解决纠纷，可及时有效化解矛盾，促进知识产权保护事业健康发展。同时探索知识产权制度创新发展方向和企业创新转型发展的切实路径。

（三）建设符合大连自贸区的知识产权保护平台

知识产权仲裁除具备传统领域仲裁的自愿、独立、快捷、灵活、易执行等方面的优势外，还有三个值得特别强调的优势：一是专业性，二是保密性，三是有利于调解解决争议。多数知识产权争议的实质是商业竞争的表现形式，调解解决争议有利于形成合作和双赢的最优效果。大连知识产权仲裁院与大连市知识产权局、知识产权行业协会、相关企业、高校、律师事务所合作。立足大连、服务东北地区、面向全国，搭建符合大连自贸区的知识产权保护平台。

（四）组建高素质人才队伍

仲裁院工作人员要加强知识产权专业的学习，尤其加强与知识产权行政机关的沟通联系，发现和总结知识产权审批过程中可能出现的法律问题；建立仲裁员知识产权专业委员会，对仲裁员进行专业培训，为知识产权仲裁工作储备人才资源。举办知识产权主题论坛，提高仲裁队伍业务能力。在现有高科技及知识产权领域仲裁员的基础上，吸纳行业专家、学者，以及具有国际影响力的权威人士，建立专门的知识产权仲裁员名册。

（五）多方联动，凝聚化解争议合力

知识产权争议案件是各类民事争议案件中调解结案率最高的案件类型。仲裁院与司法局和人民法院，共同构建仲裁与人民调解、与诉讼的对接制度，提供为民便民的法律服务，共同制定"仲调对接"调解规则等工作制度，建立案件研讨制度、信息交流和资源共享机制，强化诉讼和仲裁的交流互动。树和谐理念，调解贯穿案审全程，在知识产权领域开展仲裁法律制度宣传推行工作，普及和提高相关市场主体的仲裁法律意识。

大连知识产权仲裁院以大连仲裁委员会22年的公信力为基础，以立足大连、服务东北地区、面向全国为目标，打造国内外具有影响力和公信力的知识产权仲裁平台。下一步工作思路，深入学习贯彻党的十九大精神和习近平总书记关于自贸区建设的重要指示精神，以制度创新为核心，组建专业化人才队伍，在吸取先进地区工作经验的基础上，不断积累，改革创新，真正打造出东北地区处理知识产权纠纷的权威机构。为构建辽宁自贸区大连片区一流的营商环境发挥仲裁的优势作用。

23.3　创新性评估

大连知识产权仲裁院的启用为创新大连自贸区多元化争议解决机制做出巨大贡献。该院的设立，标志着我市知识产权保护体系进一步向国际化、多元化、专业化迈进；利于打造法治化、国际化、便利化的营商环境；是提升我市区域软环境、软实力的创新举措。"大连知识产权仲裁院"创新前后对比见表23-1。

表23-1　　　　"大连知识产权仲裁院"创新前后对比

	制度创新前	制度创新后
模式	知识产权纠纷需走法院程序 缺点：法院实行两审终审制度	知识产权纠纷仲裁 优点：专门仲裁机构；保障了专业性和保密性
操作方法	法院一审、二审后才可强制执行 缺点：不利于合同纠纷的解决；企业花费大量时间成本和人力、物力、财力	提供了多元化的争议解决机制 优点：仲裁方式一裁终局，节约时间成本，提高企业效率；满足中外当事人多元化纠纷解决需求

23.4　复制推广评估

◇ 复制推广价值

大连知识产权仲裁院的成立，为本地企业就近解决知识产权争议提供了一个全新的途径。以大连知识产权仲裁院启用为契机，先行先试，市仲裁委在强化知识产权保护、服务保障国家战略、推进大连自贸试验区工作大局上又迈出了新的一步。有利于搭建符合大连自贸区发展要求的司法保障平台，带动引领形成全方位的司法保障格局。

◇ 复制推广所需条件

复制推广所需条件包括品类推广和地域推广。品类推广条件较为宽泛，以知识产权为代表的合同当事人的所有争议，如合同的生效、解释、履行等行为，均可试行建立相关专业仲裁分支机构。地域复制推广需要当地政府与仲裁委员会、自贸办、管委会等相关机构协同推进。

24   创新案例二十四：自贸商事案件集中管辖

24.1   案例概况

案例背景

自贸商事案件是指大连市中级人民法院或大连经济技术开发区法院管辖的与自贸试验区相关联的投资、贸易、金融等商事案件。自贸商事案件主体的识别标准仅要求案件一方当事人的注册地或登记地在自贸试验区内，在审判实践中若一方当事人系自贸试验区法人、其他组织或自然人，另一方当事人注册或居住于开发区法院之外的其他基层法院管辖地域，其他基层法院可能对自贸商事案件也有管辖权，即全市各基层法院都有受理自贸商事案件的可能。由于其他基层法院对于自贸试验区的制度创新、司法保护政策可能掌握不够全面，适用法律不够精准，因此，全市各基层法院均审理自贸商事案件既不利于全面准确地为自贸试验区建设提供法律保障，也不利于统一自贸商事案件的裁判标准。

为此，大连市中级人民法院创新自贸商事案件管辖办法，将全市范围内的自贸商事案件均集中至大连经济技术开发区法院管辖，能够集中专业力量，较好地进行自贸商事案件的处理。

主要做法

为了统一自贸商事案件的裁判标准，全面准确地回应自贸试验区建设的司法需求，2018年5月22日，经大连市中级人民法院审判委员会研究决定，大连市中级人民法院向全市各基层人民法院及本院各内设机构下发《关于将涉自贸试验区商事案件集中至大连经济技术开发区人民法院审理的通知（试行）》。该通知共五条，详细规定了集中至大连经济技术开发区人民法院审理的自贸商事案件的类型和识别标准，不集中至大连经济技术开发区人民法院审理的自贸案件的类型，倡导各基层人民法院根据工作实际设立自贸案件审执团队，出现管辖权争议的处理程序和工作办法等内容。

24.2 创新亮点

◇ 为自贸试验区提供有力的司法保障。自贸商事案件管辖权的划定，为自贸试验区商事案件提供专属管辖权，为自贸试验区内的市场主体提供全方位司法服务，从司法上为自贸试验区建设和发展保驾护航。

◇ 促进自贸商事案件形成统一裁判标准。明确的自贸商事案件管辖权，可集中专业化水平较高的司法干部对自贸试验区商事案件进行审理，有利于形成自贸商事案件的统一裁判标准，有利于营造公开、公正、透明的法治环境。

◇ 保障自贸试验区内市场主体合法权益。有力的司法保障体系为自贸试验区内市场主体寻求司法支持提供了便利，市场主体可通过司法途径维护自身合法权益，促进规范有序的市场规则的形成。

自贸商事案件集中管辖创新亮点如图24-1所示。

图24-1 自贸商事案件集中管辖创新亮点

24.3　评估方法

◇比较分析法。将自贸商事案件集中管辖制度创新措施实施前后进行比较，通过两种模式、具体做法优缺点比较，评价自贸商事案件集中管辖的创新性。

◇专家打分法。对各创新分项进行专家打分，通过加权平均法计算总分，分项和总分均以5分为满分。

24.4　创新性评估

前后对比维度

自贸商事案件管辖权的划定，将原来分散于全市各基层法院的商事管辖权集中于大连市开发区人民法院，有利于集中精干的司法力量从事自贸商事案件的审判、执行，有利于提供高质量的司法服务，有利于维护市场主体的合法权益，促进辽宁自贸试验区大连片区形成公平的法治环境，与制度创新前相比具有明显优势，见表24-1。

表24-1　　　　　　　　　自贸商事案件管辖创新前后对比

	制度创新前	制度创新后
模式	◇全市各基层人民法院管辖 ◇缺点：适用法律不够精准，法律保障不够全面	◇大连市开发区人民法院管辖 ◇优点：集中商事案件方面专业化水平较高的司法人员进行审理、执行，适用法律精准，法律保障全面
主要方法	◇基层人民法院各自审理 ◇缺点：各基层人民法院对自贸商事案件裁判标准不统一，难以形成公正的执法环境	◇由开发区人民法院审理 ◇优点：有利于形成统一的裁判标准，形成公正的执法环境

专家评价维度

　　重新划定自贸商事案件管辖权，是为了保障自贸试验区健康发展所进行的司法服务创新，提高了司法服务水平和质量，优化了辽宁自贸试验区大连片区的营商环境。专家对该案例制度突破性分项打分4.78分，维护市场主体权益分项打分4.89分，提高司法质量分项打分4.92分，提升审理效率分项打分4.86分，优化营商环境分项打分4.87分，如图24-2所示，创新综合评价得分4.86分，自贸商事案件集中管辖创新性明显。

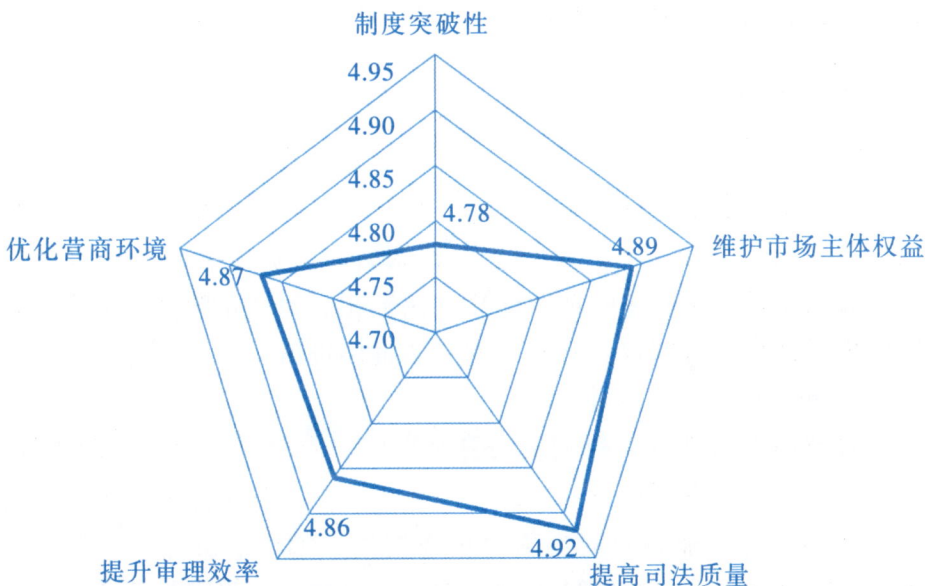

图24-2　自贸商事案件集中管辖创新措施专家打分评估

24.5　创新成效评估

主要创新成效

　　◇深入推进自贸试验区建设。对自贸商事案件进行集中管辖，可充分发挥司法对投资、贸易、金融等经济行为和转变职能等政府行为的导向作用，为自贸试验区切实转变政府职能、投资自由化、贸易便利化、金融开放创新的先行先试提供法律保障。

◇ 维护公平竞争的市场秩序。对自贸商事案件进行集中管辖，能够确保自贸商事案件适用法律精准，裁判尺度统一，使市场主体明晰交易规则，有利于形成公平竞争的市场格局，促进市场经济健康发展。

◇ 促进法治化营商环境的形成。国际化、法治化、便利化的营商环境是推进自贸试验区建设的重要条件，自贸商事案件集中管辖有利于自贸试验区形成法治化环境，提升自贸试验区的整体竞争力。

24.6　复制推广评估

◇ 复制推广价值

对自贸商事案件进行集中管辖，有利于以较少的精干力量公正高效地审理自贸商事案件，有利于全面提升审理的专业化、国际化水平，有利于自贸试验区营造国际化、法治化、便利化的营商环境，自贸商事案件指定管辖权具有较大的复制推广价值。

◇ 复制推广所需条件

自贸商事案件管辖权创新的复制推广，需要具备两方面的条件：一是设立自贸商事案件审理团队，团队成员需具备国际法、国际经济法、普通法等专业背景，还需要精通英语、德语、日语、韩语等外语；二是确定自贸商事案件识别标准，即案件一方当事人的注册地或登记地在自贸试验区内。